心を磨く
働き方で
人生は輝きだす

人生で大切なことは、すべて厨《ちゅう》房《ぼう》で学んだ

学校法人新宿学園
新宿調理師専門学校　学校長
庖・上神田梅雄

現代書林

序

日本の将来を明るくするために

上神田校長先生と初めてお目にかかったのは、日本を美しくする会の新宿・街頭清掃活動にお越しいただいた時でした。先生は、芯から控えめにしていらっしゃるんですけれども、ものすごく存在感があり、たくさんの皆さんが参加しているなか、一段の力を感じました。

お聞きしますと、極めて貧しい暮らしのなか、忍耐・辛抱しながら命懸けで十人の子供たちを養育してくれた、亡きお母様に大きな影響を受けていて、その大恩に報いようと、先生自身がお母様の生き様に添うがごとく、懸命に生きていらっしゃることに感動を覚えます。

日本の将来を担う調理師の養成にあたって、先頭に立って奮闘努力されている真摯な姿勢に、たくさんの方々が尊敬の心で師事されていることが強く伝わって参ります。
「言っていることと、やっていることが一致している」本気・本物の人であり、私は敬愛の念を持って取り組みへ感謝し、心から期待いたしております。

平成三十年六月

日本を美しくする会 相談役　鍵山秀三郎

まえがき

明治の偉人、福澤諭吉翁の教えのなかに「天は人の上に人を造《つく》らず　人の下に人を造《つく》らず」という有名なくだりがあり、続けて「人は生まれながらにして貴賤貧富の別なし、ただ学問を勤めて物事を良く知るものは貴人となり、富人となり、無学なる者は貧人となり、下人となるなり」と記されています。

「貧乏人の子だくさん」という揶揄がありますが、十人兄妹の七番目に生まれた私の生家も、その言葉がそのまま当てはまるようでした。「なんとも上手い言い方をするものだなぁ」と、幼心にもやけに合点をしたものです。

私はとても小柄で貧弱、体育の整列時には常に前から一、二番のちびっ子、痩せっ子で、村の診療所通いも頻繁な弱い子供でした。したがって、劣等感を抱く条件は勢ぞろいしていたようなものでした。何かにつけてネガティブな思考を抱き、自分に自信がないものですから行動も気後れし、何事にも消極的な姿勢しか取れない、いわゆる「ネクラな子供」でした。

そんな私にとって、福澤翁の言葉は救いでした。このままではいけない、もっと皆に喜ばれるような、明るく朗らかで積極的な人間になりたい……。そういう「変身願望」が大変強くありました。

「福澤心訓・七則」として伝わっている教えのなかの、最初の項に掲げられているのが、次のような言葉です。

一、世の中で一番楽しく立派なことは、一生涯を貫く仕事を持つということである。
一、世の中で一番寂しいことは、する仕事のないことである。

高校を卒業後、精米・製綿業を営んでいた両親の稼業を三年近く手伝っていましたが、そのとき考えていたことは、「いずれは男子の生涯を貫く仕事に就きたい」、あるいは「一生涯を賭けるに値する仕事に出会いたい」ということでした。

人のせいにするような人生は歩みたくない。たった一度きりの人生、宿命に縛られず自分の努力で運命を拓いていきたい――そんな抑え切れない想いが、どんどん強くなっていきました。

そうした折り、板前さんと称される日本料理の料理人、粋でいなせで、とても魅力的な料理人を、生で見る機会がありました。「♪庖丁一本　さらしに巻いて　旅に出るのは　板場の修業……」。かつて大ヒットした「月の法善寺横町」という歌謡曲のなかで唄われた、花の板前さんのイメージを彷彿とさせるものでした。

その憧れの想いを抱き、料理人への道を求めて、昭和四十八年十月、郷里の岩手県普代村から単身上京、新宿調理師専門学校・夜間部十七回生として入学しました。

生涯の師と仰ぎ、十六年間にわたって師事することとなった故・西宮利晃先生との出会いもこの学校でした。

その後、師につながる方々との出会いが用意されていて、そこからのご縁とご恩、思いもかけない幸運がたくさん広がり、多くの感激と感動の板前修業体験を感謝のうちに積み重ねることができ、現在までの四十三年余り、ずっと幸せな料理一筋の道を歩ませていただいています。

さて、「調理師」とひと括りに言っても、たくさんのジャンル分けがあり、その携わる業務内容の専門性も大変多岐にわたります。ジャンル別で見てみても、和食・洋食・中華と、我が国では大きく三分野に分けています。そして、和食というジャンル一つに絞ってみても、会席料理・茶懐石料理・郷土料理・精進料理・婚礼料理・法事料理などなど、また鮨・天麩羅・

鰻・蕎麦・饂飩《うどん》などの専門料理と、本当にさまざまな分野があります。

私自身は、亡き師匠の稼業と同じように、会席料理を専門とする料理人です。そして、人生の大半の時間を厨房で過ごしてきました。

そんななかで、つくづく感じているのは、厨房には人生で学ぶべき大切なこと、あるいは学ぶヒントがすべてちりばめられている、ということです。たとえば人としての優しさ、あるいは素直で謙虚な心など、歩む人生への向かい合い方の諭しが、そこにはすべて詰まっていたように思うのです。


「おもてなし」という心のありよう、行動のありようにしても、基本姿勢は大切な人が喜ぶことをして差し上げることです。厨房は生涯を通して謹み深く奢らぬように、他人のお役に立てるような人生の歩みの実践をし続けたいと思わせてくれました。

天地自然のはたらきによって生じた食材、この天与の恵み、命の源を謹んで美味しくいただく。その食材を調理するのは人間だけです。食べやすいように包丁を入れて、生・焼き・焚く・蒸す・揚げ、この調理五法の技術を施し、赤・黄・緑・白・黒、健康滋養の五色食材の摂取、健康に欠かせない五味、甘・塩・酢・苦・渋、の調味・調和など、食べて健康・身体に優しい、美味しい料理を仕立てるという、お役目を担っているのが私たち調理師です。

しかしながら、なかには「俺の創った料理だ、味わかるか、食ってみろ」というように、奢り高ぶったような調理師・料理人がいないわけではないのが現実で、嘆かわしく哀しいことです。

調理師の使命は、天与の恵みへの介添え役であること、天に仕えるがごとくに、あくまでも謙虚な姿勢で向かうことです。天地自然の道理・摂理の中の一つを担っているのが料理人の仕事であり、使命なのだという真摯な気持ちで修業を積み重ねるなかで、しみじみと自覚させられてきたように感じます。

調理師の仕事場である厨房は、飲食サービス業というビジネスのなかでも、まさに競争・戦争の主戦場であるとも言えますし、一方では人生道場であるとも言えます。ましてや「晒《さら》し」と称する割烹カウンターは、お客様と対峙する結界であり、活き活きとした臨場感あふれる、実学・活学の最前線であり、実践の学びの環境でもあります。

「人は人に揉まれて人になる」という言葉がありますが、私が経験した割烹カウンターでは、お客様が絶対上位、言ってみれば完全な〝アウェイ〟の中での対応でした。

人として矜持・誇りを失うことなく、身に付けるべき大切なことの学びの宝庫であり、最高の檜舞台であるとも感じています。

「独立の気力なき者は、必ず人に依頼する、人に依頼する者は、必ず人を恐れる、人を恐れる者は、必ず人にへつらうものなり」と福澤翁の苦言・金言が聴こえてくるようです。

学校では、調理師の職業に興味を抱いた若者が夢を描けるような「職業観」を伝えるメッセージとして、「調理師とは、食卓に笑顔の花を咲かせる仕事です」というフレーズを伝え続けています。また、厳しい修業の先に見えてくる境地「仕事観」を伝えるメッセージとして、「料理人とは、もの言わぬ天《かみ》の意思を、この一皿に現す仕事です」という一文を、プロフェッショナルとしての自覚を促すために、すでに業界で活躍している卒業生たちに向けて掲示しています。

四十三年余りも、飲食サービス業界で働いてきた体験、その現場の料理人としての経験、培ってきた私ならではのキャリアを糧に、母校である新宿調理師専門学校の校長のお役目を拝命し、「我が使命」であると受け止め、微力ながら報恩の想いで真摯に務めさせていただいています。

高校を終えて入学してくる生徒の、ほとんどが初心者です。初めて包丁を握る若者たちです。そんな調理初心者の若者たちの心は、頼りなさと不安でいっぱいですが、それと同時に、純真で無垢そのものです。

その〝真っ白いキャンバス〟へ、そっと後ろから手を添えて調理のイロハの「イの字」からしっかりと教え導かなければいけない仕事、その責任の重さと大きさを感じています。

その先の飛躍に備えて、おおいに積極的に学んでいってほしいと思います。巣立っていった卒業生たちが、志を忘れることなく、澄んだ瞳で活き活きと夢を語り続け、心を赤々と燃やし続けてほしいと祈る思いです。そして、明るく朗らかに、伸びやかに健やかに、大きく成長していってもらいたいと願っています。

食への向かい方は、生きることへの向かい方です。卒業生たちが「食の伝導師」として、飲食業界の真のリーダーへと育っていって、おおいに活躍してほしいと思っています。

私自身も「師生同学・師生同汗」の精神で、生徒と共に学び、生徒と共に汗をかく、率先垂範の姿勢を変わらずに貫き、若き日に抱いた、青雲の志を生徒たちと燃やし続けていきたいと思います。

そして、国家資格の調理師免許取得のための科目を履修し、巣立っていく彼らに、「就職とは、いよいよ実践の学びが始まるということである」という激励のエールを送りたいと思います。同時に、私たちと同じく、調理師人生を歩む後輩たちの、行く手を照らし続ける灯台の灯であり続けたいと強く祈り、そして切に願っています。

閉鎖的イメージから「料理人の修業は厳しい」と、ことさらに誇張され、クローズアップされて伝わってしまうところがあるように感じます。素直で謙虚に一所懸命に働く若者を、可愛がらない、大切に育てない職場はありません。少なくとも私の経験では知りません。また決して、そんな理不尽極まりない業界であってはならないと思います。

今どきそんな、恥ずかしいほどのお粗末極まりない厨房だったり、親方だったりしたならば、私ならサッサと逃げ出しますし、即辞めます。

誰にでも辞めるという自由はあるのですから。たった一度しかない人生を、そんなつまらない人たちと絡まって、貴重な時を費やすなどもったいないことです。

調理師学校を卒業する生徒たちの多くは、一流の料理人になりたいという夢を描き、不安いっぱいの気持ちながらその描いた夢を、追いかけはじめようとして学んでいます。

その夢を果たすための精神力は、頼りないぐらいに幼いです。儚《はかな》いとまで感じられる若者たちではありますが、卒業の折にはありったけの勇気を振り絞って、厳しく感じられる現場へ、社会人としての第一歩を踏みだすべく巣立っていきます。

彼らをたとえるなら、まだ根付く前の幼い〝苗木《なえぎ》〟のようなものです。風が吹けば頼りなく揺れ、雪が降れば耐え忍べずに、容易に折れます。

どうか、ご縁があって就職した先の厨房で、業界の先輩の皆さんがその幼い芽を摘んでしまわないでほしいと思っています。包み込むような愛情で、辛抱強く待って、わずかな成長を認め、一人前に育ててあげてほしいと思います。彼らの夢を応援してあげてほしい、夢を諦めさせないでほしいと思います。

「三年継続で初段、黒帯をあげる」と、卒業生たちが学校を巣立つ際に伝えています。卒業して就職した厨房で三年続けば、顔つきも違ってきます。それなりにやっていけるという、自信らしきオーラを纏《まと》って誇らしげに母校を訪ねて来てくれます。

そうなれば、もうしめたもので、我々は安心です。職場はそれぞれの事情や、新たにできたご縁などによって、移り変わっていくものですが、調理師の仕事を続けていけることが想像できるからです。

一般論ですが、対価を求める労働という考え方に立てば、調理師の給料水準は、決して高給とは言えないと思います。理由ははっきりとしています、現代社会では、労働生産性が低い職種に数えられているからです。

しかも、飲食サービス業の現場は、閑繁の差が大きいために、繁忙時には長時間の労働勤務が強いられる環境でもあります。反対に暇な場合には、売り上げ収入より、人件費などのかかる費用のほうが上回る場合もあるのです。

したがって、平均的な労働を望む従業員の心情としては、不平に思うことや不満の心が生じてしまうこともあるでしょう。

しかし、技術の修得を目指して就職した現場であれば、「技術はほとんどなし」なわけですから、しばらくは戦力になりません。したがって当然、雑用係、先輩方の下働きが続きます。

それらの働きを強いられた労働と捉えて取り組むか、そうではなく技術者となっていくための修業、訓練を施し育てていただいていると捉えて、積極的に果敢に朗らかに、たとえ給料はさほど高くはないかもしれないが、お金を頂戴しつつ勉強させてもらっている、こんなありがたいことはないと、感謝の気持ちで技術職の人生を歩みはじめるかで、修業という最初の難儀や苦難への向かい方が違ってきます。

素晴らしい方々との出会いに感激し、めぐり合わせの幸運に感動の日々がめぐり、奢ることなく、さらなる研鑽を重ねていくことによって、どんどん運命が開けていって、そのご縁とご恩に使命感を強く意識し、微力を捧げ尽くす。

そんな生き方の先にある匠の扉を「エイと押し開く」そこにこそ、真の料理人としての人生の醍醐味《だいごみ》があるのです。そしてその時こそが「この仕事こそが我が天職なり」と自覚できる、澄み切った清々しい、爽やかな気持ちが沸々と湧いてくる瞬間なのです。

それとは違い、まあそれなりの調理師人生を歩むのも、はたまた単に労働者としての人生を歩むのも、すべては自分自身の決めることです。

誰の人生においても言えることだと思いますが、「心ひとつの置きどころ」だと強く実感しています。

厨房は食との関わり方によってさまざまですが、自己を高めるための仕事場であり、まさに人生道場でもあります。

この本は、調理師として永く歩んできた人生の経験を交え、修業の真っ只中の若い人はもちろんですが、修業をすでに終えて、さらなる高みを目指して修行の道を歩み続けている人たちのことも意識しました。さらには人生で何度か訪れる〝まさかの坂〟に、もがき苦しんでいるであろう、多くの迷える卒業生や同世代の若者たちに向けての、激励エールのつもりで書き進めました。

それは私が他人様以上に、深く悩み、みっともないほどにもがき、惨めなほどに苦しんで、この道を歩んできたからにほかなりません。そして、「泥を肥やしに花は咲く」と念じながら、諦めずに、自己を信じて歩みをやめずにきたからです。

料理人に限らず、どんな職業に就いても、社会人となり、突き当たる壁は同じようなものです。その壁を突き破ろうともがいている若い人たちにとって、この拙著のどこかの一文でも、心の持ち方、頑張る源に、あるいは生き方のちょっとしたヒントになれば、嬉しいです。

あなたが選んで就職して、働いている職場なのです。いま向かっている仕事に夢中になり、必死で働けば、仕事の奥深さを知ることになり、その仕事が好きになり、自然と進むべき真っすぐな道が見えてきます。そうならないのは、あなたの働き方が本気じゃないから、夢中になり方が足りないからかもしれません。

板前稼業に男の生涯を賭けた〝おやじの御託《ごたく》〟を並べた拙《つたな》い話ではありますが、私も若いときに、今のあなた方と同じように、悩み苦しんできた料理人ですから……。

平成三十年　春

新宿調理師専門学校校長　庖・上神田梅雄

人生で大切なことは、すべて厨房で学んだ◉目次

序　日本の将来を明るくするために　鍵山秀三郎　1

まえがき　3

序章

大人になるとは、職業人になること

食べていくための術としての職業　22
縁あった職業にきちんと向き合うことが大人への第一歩　24
今の自分は、まぎれもなく自分自身がつくってきた姿　27
眠りたい、サボりたい、辞めたいの甘え心を捨てよ　31
料理人の修業には十職の階段が用意されている　33
「職業の先にある仕事への道」を求めての修行　36

第1章

憧れが夢を追いかける原動力

目の前のことを夢中にやれば、その先に用意されている 40
夢を追い続けることのできる根源が「憧れ」だった 45
夢を追いかけている人は輝いている 48
目標を持てば、こんな素敵な仕事はそうそうない 51
夢の実現はその人の思いの強さにかかっている 58
技は盗んで覚えるものと心得る 62
進む道は難しいほどおもしろい 65
与えてもらった境遇は、自分が主役の人生劇場 68
◆コラム――料理の仕立て方〈一〉 70

第2章

出会いはすでに用意されている

職人は二人の「おやじ」を持ってこそ　76
人としてのあり方を母の背中が教えてくれた　82
あやかりたいと思うほどに憧れた、師匠とのめぐり合わせ　88
誰にも〝出会いのチャンス〟が訪れる　94
人間は妬む生きものであるという、覚悟を持つこと　100
師匠の歩んできた道を同じようになぞる　103
身銭を切り、広くアンテナを広げれば出会える　108
あちこちにある学びの種を、自分から拾う　113
自分の専門以外にも目を向けて学ぶ料理ジャンル　116
チャンスの訪れを準備して待つ　120
「庖丁を見せてくれるか？」と問われる仕事　126
◆コラム――料理の仕立て方〈二〉　130

第3章

人は仕事によって育てられる

誰にも負けない働き人となる　136
日本一の洗い方を目指し、生ごみバケツを徹底的に洗う　140
人の何倍も練習すればチャンスに対応できる　142
「修業日記」は挫けそうになる自分を励ます杖　147
些細を見落とさない。〝神は細部に宿る〟　151
〝努力は素質を超える〟から心配いらない　153
厨房という道場で稽古着の白衣が似合う人になる　161
「お天道様が見ている」というのが母の念仏だった　165
歯磨きと同じで、心磨きも毎日欠かさずに　169
突然クビになるという、まさかの坂に遭遇　172
〝いつでも辞められる〟という自由がある　177
◆コラム──料理の仕立て方〈三〉　190

第4章

悩ませてくれるって〝神の寵愛〟

挫折のない人生なんてない　196
逆境は栄養源、食べて成長する　199
スランプはチャンス、悩み抜いた果てに　205
悩んでいる今こそ、確実に成長している　212
苦難福門、鬼のしごきを笑って迎え打つ　214
「同じ庖友」である、至誠を貫けば必ず通じる　218
オーナー・シェフになる三つの条件　226
「修業」を終えると卒業のない「生涯修行」に入る　229
〝割烹〟の晒しカウンターを通しての人間修行　233
評価は他人がする。ただ一所懸命に仕事をすればいい　238
一世一代、魂を込めた料理を作る　249
恩師の願いを継ぎ、次代へ伝える決意　254
◇コラム――料理の仕立て方〈四〉　258

終章

無償の愛情、おふくろの味

料理人には二つの道があり、料理への向かい方にも二つがある　264
報恩の思いを抱いて、母校の校長に就く　270
新人調理師に不可欠の三条件とは　275
師生同学、教えることは教えられること　283
天地の恵みを実感するための農体験授業　288
食は命であり「知育・体育・徳育」を包括するもの　292
「おふくろの味」が教えるものは　295
天職となった和食料理人として、伝承する使命あり　297

あとがき　300

＊「コラム　料理の仕立て方〈一〉～〈四〉」は、上神田梅雄著『四季のおもてなし料理――和食の心　季節の風韻』から一部修正のうえ転載しています。カットは中村昌弘。

序　章

大人になるとは、職業人になること

食べていくための術としての職業

大学や専門学校を卒業し、何かの職業に就く。それまでの親がかりの生活から自分で働き食べていく生活のスタートです。

現在、毎年百十万人の若者のうち七十万人近い人が四年制大学、あるいは短大を卒業していくるそうです。就活の時期になると、一人の学生が何十社もの入社試験に応募するというニュースがよく流されます。人によっては業種の異なる多くの会社に応募することもあるでしょう。まるで数射ちゃ当たる式ですが、自分で食べるためですから、まずどこかの会社に入る、就職することが大切な第一歩です。

自分の意に沿わない会社に決まることも少なくありません。

調理師の場合、専門学校を毎年約一万五千人が卒業し、さまざまな料理店やホテル・レストランなどへ就職します。いろんな業種に応募する大卒生と比べると、日本料理・西洋料理・中華料理の違いはあっても、料理人になるという方向性はほぼ定まっているわけですが、こちらも自分が望んでいた通りのところに就職できるとは限りません。求人はたくさんあり、ある意味では〝選び放題〟の飲食サービス業界であっても同じことが言えます。

大学卒であれ専門学校卒であれ、共通しているのは、就職はまず食べるための術であると同時に、自立するためのファーストステップだということです。

皆さんは自立という言葉をどう捉えているでしょうか。現在のように高学歴社会になる前、ほんの半世紀前までは、一割余りの人しか大学を出ていない時代でした。昔の大人は、人生で大切なことを口伝で教え伝えてきました。たとえば「石の上にも三年の辛抱」「若いときの苦労は買ってでもしろ」など多くの言葉を残してきました。どれも大人になるための心がけを説いているものです。

自立とは、人に迷惑をかけず、世話にならないということです。言い換えれば、大人への階段の前に立つことです。

自立には、まず一人前の大人になるための修業が必要です。どの職場にも新入社員に対し見習い期間や研修期間が設けられていますが、これを終えればすぐに自立できるかというと、とんでもありません。見習い期間や研修期間は雇う側が新入社員の人間性を見るために設けているのです。

大学でも専門学校でも、学生時代に学んだことがそのまま活かせるわけではありません。学生時代の成績や学歴ばかりを鼻にかけているような新入社員は、大人の先輩である上司に「こいつは思い上がった甘ちゃんで、たいしたことないな」と見抜かれてしまいます。

学校で基礎知識や基礎技術を学んでも、そんなものがすぐに通用するほど実社会は甘くありません。〝ビジネス戦争〟とも揶揄される、やるかやられるかの厳しい一面をもった現場です。「人間、一生が勉強」という心構えと覚悟をもって、学校時分から学んできたかどうかが、本当に大切なのです。

縁あった職業にきちんと向き合うことが大人への第一歩

仕事選び・会社選びは、人によって理由がさまざまです。先ほど述べたように、多くの会社に応募した結果、たまたま合格したという人もいれば、最初から調理師の道をめざす人もいます。その調理師にしても、選んだ理由は個々に違います。

後ほど詳しくお話ししますが、私は「故郷には二度と戻れない」という崖っ淵に立たされた思いで調理師専門学校へ入学しました。

調理師学校に入学してくる生徒の中には、親が経営する料理店を継ぐための者もいれば、学校の成績がよくないので、技術職をと考えて〝手に職〟の道を目指そうとする者もいます。

それならばまだしも、今どきの生徒のなかには、フラフラするばかりの高校生活を送り、勉強は苦手なので大学へは行きたくない、といってすぐに就職するのも嫌で、とりあえず専門学校に入るという例もあります。

学校に入学した動機が何であれ、先に言ったように「人間、一生が勉強」という考え方さえ身につけることができれば、とりあえず大人への階段に向かうことができます。

そして就職。どんな会社、どんな料理店でも、そこは自分に縁があった場所です。入社試験には面接がありますが、ベテランの面接官は応募者の人間性を見るものです。たとえば素直さや辛抱強さを見て、「こいつはつらい仕事にも耐え、将来役に立つ人間になれるか」という点を見抜くのです。それで合格となれば、あなたとその会社との間に、目に見えない縁があったことを意味します。

その縁を信じ、選んだ職業にきちんと向き合うこと、職業人になることが大人への階段の一段を上ることにほかなりません。

では、職業人としてきちんと向き合うには、どうすればいいのでしょうか。

まず、社会人として最低限必要だと思えることを身につけなければなりません。調理師でいえば、調理師になる前にまず社会人になれということです。

職場には大勢の先輩や上司がいます。厳しい先輩もいれば、比較的優しい上司もいますが、学校と違うのは、誰もあなたをお客さん扱いはしてくれないということです。学生の頃は、先生に手取り足取りで丁寧に教えてもらえます。教えられること、与えられることを待っていればすみましたが、職場ではそうはいきません。自分から働きかけなければ、何も得られないという状況に陥ります。

働きかけの最初はなんと言っても〝元気な返事〟です。呼ばれたら話しかけられたら即反応、打てば響く元気な返事が肝心です。返事にその人の魂が宿っているとも評される大切なことです。

返事と同じくらい大切なのが挨拶です。「おはようございます」とお腹に力を入れて言い、「今日もよろしくお願いいたします」という思いを込めてきちんと頭を下げる。そういう挨拶をされて怒る先輩はいません。なかには「おお」とだけ、無愛想に感じる返事を返す、顎をしゃくるだけの上司もいるでしょうが、毎朝きちんとした挨拶を続けていれば「こいつはやる気があるな」と、意欲を認めてくれ、可愛がってもらえるものです。

挨拶は基本中の基本ですが、「ありがとうございます」という感謝の言葉も同じように大切なものです。特に調理師の場合、召し上がっていただくお客様がいて成立する、それが料理ですから、この仕事を続けていく限り決して忘れてはいけない言葉です。

どこの料理店やレストランに就職しても、すぐにお客様と接するわけではありません。すぐにどころか五年、十年と厨房内だけで働くことが普通です。お客様の目に見えない場所であっても、天から与えられた恵みの食材に感謝しつつ、食べていただく方へのお礼を込めて調理する。この思いがなければ、心温まるような本物の料理はつくれないのです。

今の自分は、まぎれもなく自分自身がつくってきた姿

調理師の道を歩みはじめて一年、二年たつと「辞めてしまいたい」と思う人が少なくありません。もしあなたもそうなら、ここで私が述べていることも、ただの説教話にしか聞こえないかもしれません。それは、あなたの心の鏡がどこかゆがんで曇ってしまっているからです。あなたの心のうちを想像してみましょう。調理師を辞めたいという人のほとんどが「仕事がきつい」「給料が安い」という理由を挙げます。そんなのはただの言い訳にすぎないということを、あなた自身がわかっていないのです。

厨房の仕事がきついのは事実ですし、当たり前です。だからいいんですよ、だからこそ素晴らしい仕事になるんですよ。日本料理の現場に入った私の体験談を伝えます。

入ってしばらくは、ろくに技術もないですから、うろうろ状態の下働き「追い回し」ですよ。そして「洗い方」に回されます。これにだって「下洗い・中洗い・立洗い」と三段階あり、下洗いはまだ食材に触れることが許されませんので、床を掃除・ごみ箱洗い・道具洗いしたり、鍋を磨いたりするのが役目です。つぎの中洗いになると食材を扱えます。小松菜やゴボウなど

の野菜を洗います。そして立洗いになって初めて魚の鱗を引いたり、魚の水洗いをしたりすることができます。この段階でもまだ自分の包丁は買えず持てず、先輩のものを借りたり、店の包丁を借りたりして行います。

これら三段階の洗い方を各一年間ずつ、都合三年間を洗い方として過ごすのですが、この三年がたたないうちに辞めたいと思う人が多いわけです。たしかにくる日もくる日も洗い仕事ばかりですから、単調に思えるかもしれません。冬など、手はアカギレ、ヒビ割れだらけにもなります。

これをただの、きつい、つらいと思うのは自分の役目を単なる労働としか捉えていないからです。目に見えるかたちでの金額換算という考え方だけで、時給いくら、月給いくらという、対価を求める行為という一面でしか考えていないからです。

すると、「こんなきつい仕事をやらされて、時給はコンビニのパートさんより安い」というグチが出てくるのです。一度そう思うと、あなたの心の鏡はどんどん曇ってきて、自分の役目が無意味な、やらされている労働としか思えなくなってしまいます。

料理はチームワークによって仕上がる仕事です。一番下っ端の洗い方からトップの料理長に至るまで、それぞれの持ち場のスタッフ全員がチームワークよく、最大限の力を発揮し、連携してこそ、お客様を喜ばせ、満足していただける、美味しい料理が出来上がるのです。

日本料理の職人の世界は「十職」と呼ばれ、見習いからトップの板前さんまで十段階の職階があります。先輩たちも皆、このステップを一つずつ踏んで上がっていったのです。十職をすべてこなすには、少なくとも十年かかります。それだけの修業期間を経て初めて料理長になれるわけです。調理師学校で、「卒業すれば即戦力」などとおだてられ、すぐにも包丁を持って腕をふるうつもりで厨房に入ったとすれば、それはあなたの勘違いです。

勘違いといえば、「調理師免許」もそうです。専門学校を卒業したあなたは調理師資格を取得しています。調理師法に基づくれっきとした国家資格ですが、これは身分保障ではないのです。同じ国家資格でも医師や弁護士は、資格を持っていないと働けませんし、資格なしで働くと、逆に罰せられます。それだけ身分が保証されているわけです。

ところが厨房には、専門学校で学ばず中学や高校を出てすぐにこの道に入った、いわゆる叩き上げの調理師たちが大勢いるはずです。この人たちは洗い方になる前、追い回しといって出前持ちをやらされたり、先輩のタバコを買いに行かされたりなど、文字通り使い走りの経験をしていることが多いのです。

あなたと同い年、あるいは年下でも叩き上げの人は厨房では先輩にあたります。年下の先輩に「おい、もたもたしてないで流しの洗い物すぐ片づけろよ。鍋はしっかりピカピカに磨いておけよ」などと頭ごなしに命令されると、当然面白くないものです。私自身がそのような経験をしてきたので、当初に味わったその屈辱感はよくわかります。

しかし、「専門学校を卒業したオレが、どうして学校も出てないやつにこき使われなきゃいけないんだ」とふてくされるようでは、やはり心の鏡は曇ったままです。その鏡に一度ワイパーをかけてみてください。まぎれもない現在の自分の姿が、隠しようもなくはっきりと映るはずです。まだひとりでは満足に何もできない自分、お役に立てていない微力の自分がいます。

私は自分自身に「百日修業」と名づけた修業を課しました。百日、つまり三ヵ月間は何があろうと絶対にグチをこぼさない。これをやり通すと、つぎは「千日修業」です。三年間は「洗い方」の仕事を徹底的にやる。朝は一番早く厨房に入り、夜は一番遅くまで庖丁砥ぎなどをしつつ、厨房の戸締まりをしてあがる。という自分のルール、自分が自分に誓い、約束をしたわけです。千日は〝石の上にも三年〟にあたります。これがきちんと務まれば自己評価ながら〝いっぱし〟です、調理師として初段であり、黒帯です。

洗い方の三年間、お店の歴史上で一番の洗い方になってやろう、いや日本一の洗い方になってやろうという目標を掲げ、自分を鼓舞して奮闘しました。

この三年の期間が自分の基礎としていかに大切なものだったか、それをしみじみと理解したのはずっとあとになってからのことでした。

眠りたい、サボりたい、辞めたいの甘え心を捨てよ

学校を卒業してどこかの会社やお店に就職すると、すぐに実践の学びの場がはじまります。実践の学びとは、言い換えれば修業です。調理師学校では授業料を払いながら教えてもらったわけですが、厨房では、給料をもらいながら、腕を磨けるのです。こんなにワクワクすることはないはずです。

といっても、二十歳前後の若い人は遊び盛りの年頃です。高校時代の同級生たちが飲み会だのコンパだのと遊び回っているのにくらべ、朝早く厨房に入り、終電近くになってやっと帰るという暮らしはつらいものです。目覚まし時計が鳴っていても、「ああ、もう少し眠りたい」と思ったりします。つい二度寝して起きると、すでに遅刻の時間です。先輩のカミナリが落ちるのを恐れ、「風邪ぎみなので休ませてください」などと偽りの電話をしたりします。

こんなことが何度か続くと、厨房にいづらくなり、やがて「辞めたい」となるわけです。「眠りたい、サボりたい、辞めたい」、これらはすべて甘え心です。

職業人、プロフェッショナルへの歩みは、この甘え心を捨てることからはじまります。

調理師の道を目指して厨房に入ったからには、料理とは何か、料理を作るとはいったいどう

いうことなのかを見つめ直してください。学校で学んだ調理に関する基礎知識・基礎技能は大切であり、将来にわたって必ず役に立つことばかりであることは確かです。

しかし学校での学びと厨房での学びは、まったく違うものと感じることでしょう。それは学びに対する向かい方に違いがあるからです。与えてもらう学び方と、自ら盗りにいくという実践の学び方の違いです。生徒の時のようにいつまでも依頼心、甘えの稚心から抜けられないようでは、実践の学びという宝の山に向かいながら、宝ものを掘り出さずに手ぶらで帰るようなものです。

一流の調理師になれとは言いませんが、この道を選んだ以上、一流になりたいと誰しもが願うことでしょう。それにはまず、しっかりとした社会人になることがとても大切なことなのです。

当たり前のことですが、人間は食べなければ生きてはいけません。それではいったい料理とは何でしょうか。本能としての食欲を満たすだけなら他の動物と同じで、餌だけで事足りるかもしれません。しかし私たちには、人間だけが持ち合わせている〝心の胃袋〟があります。その心の胃袋にも良いもの、栄養になるものの供給がないと、情緒性豊かな人間にはならない。その優しさや思いやりとして表れる情緒性を育む心の栄養とは、愛情であり、心癒す自然の風景であり、楽しい音楽や踊り・お芝居であり、娯楽やおシャレ、絵画・彫刻や茶道・華道などなど芸術文化と称されるものは当然必要で、広い意味では宗教や哲学も入るでしょう。

私は、「人間だけが持っている二つの胃袋を同時に満たすことができるのが料理である」と考えています。食べて健康、身体にやさしい、その上美味しいと感じるもの、食べると心と身体が温まる、満たされて豊かになって笑顔になる。それが料理であり、そういう料理を作る人のことを、尊敬の念を持って料理人と呼んでいいと思います。

スーパーやコンビニの食品売り場にも、美味しそうな弁当やお惣菜がたくさん並んでいます。買って帰り、電子レンジで温めればすぐに食べられます。大変な便利さゆえに、現代人は日常的にありがたく利用しているわけですが、それは〝食べ物〟には違いありませんが〝料理〟とは呼びませんし、その食べ物を調理している人のことを〝料理人〟とは呼ばないと思います。

あえて定義づけするなら、作り手と召し上がる人の間に交わされる、メッセージの交信、交歓があるものが料理である、と言いたいと思います。たまには料理を作って、召し上がっていただき、心豊かな人間関係を築いていきたいと思いませんか。

料理人の修業には十職の階段が用意されている

先に、料理人の世界には「十職」があると述べましたが、これは大相撲の世界と同じです。

序ノ口・序二段・三段目・幕下・十両・平幕・小結・関脇・大関・横綱、というふうに、力士たちは上を目指して、日々鍛錬を重ねます。

私が師事した師匠から聞いた、関東風の板場で十職を追ってみると、下洗い・中洗い・立ち洗い・盛りつけ・焼き方・揚げ方・脇鍋・向板・煮方、板前となります。

土間場で水浸し状態になって働いていますから「アヒル」と揶揄された洗い方時代（下洗い・中洗い・立ち洗い）を経て初めて板の間、つまり「板場」と称される厨房に上がることができます。そこで初めて足袋と雪駄を履くことも許されて「板場さん」と呼んでもらえる頃には、子供から大人に向かう職人風の面構えになってくるものです。

もちろん技術はまだ半端ですが、盛りつけや冷蔵庫の管理などが主な役目です。特に食材を保管する冷凍・冷蔵庫は厨房の心臓部で、料理人にとっては大事な金庫のようなものです。なにより常に清潔にしておかなくてはいけないし、食材の扱い次第では無駄が出てしまいます。食材を駄目にして捨てるようでは、料理人失格と言われても仕方ないのです。たとえば野菜を乾燥させてしまうと使えなくなりますが、私の修業時代には現在のようなラップはなく、先輩に教わって古新聞やガーゼでくるんで乾燥を防いだものでした。

この盛りつけ役の次は、焼き方・揚げ方・脇鍋・向板・煮方と出世していきます。ちなみに、この「方」という呼称は関東風で、江戸時代の武士社会で使われた「〇〇方」などの名称に由来しています。

煮方の上となると厨房のトップ「料理長」、かつては「板前さん」と呼ばれたお役目です。会席料理のメインディッシュである御椀の味をみること、刺身を引くことの二つが役目です。

魚をおろしたり骨を除いたり、皮を引いたりするのは「向板」、料理長の助手の仕事です。すっかり下ごしらえの終わった魚を受け取り、まな板の上で刺身を切るのが料理長、つまり板前です。板の前、まな板の前に立つことからそう呼ばれますが、スタッフからは板長とも呼ばれます。

このように洗い方から料理長までには十段階ありますが、これは日本文化独自のルールでもあるのです。柔道も剣道も初段から十段までありますが、和食にもっとも近いのが国技・大相撲です。

ご存じのように大相撲では清めの塩を土俵にまき、横綱は太刀持ち・露払いを従えて厳粛な土俵入りを行います。つまり単なるスポーツや武道ではなく、日本独特の神事なのです。土俵上の取組を裁く行司も同じように階級制が敷かれており、たとえば幕下格までの行司は土俵に裸足で上がる決まりになっています。行司のトップである立行司ともなると、さばきの差し違えをした場合、切腹するという覚悟を示すために小刀を帯びて土俵に上がります。

厳しいといえばこの上なく厳しい世界ですが、だからこそ日本独自のものとして連綿と受け継がれているのです。和食もまったく同様で、現代の職業としては大相撲と並んで厳しいものといえるかもしれません。

力士たちが厳しく激しい稽古に耐えて頑張るのは、めざすべき上があるからです。料理人の世界も同じで、歯を食いしばって修業していけば、やがて頂点が見えてきます。頑張るのも怠けるのも自分しだいです、修業の日々をもっともつぶさに見てきているのは〝庖丁〟です。他人の眼はごまかせても庖丁はごまかせません。神様はちゃんと見ています。少なくとも神様に見られているという意識を持たないと、本物の料理人にはなれません。

料理人に限らず、本物の仕事の仕方とは、社長やお客様に仕える段階から、「神に仕えること」と捉えるのが本当だと思います。

「職業の先にある仕事への道」を求めての修行

ここまで料理人の十職についてお話ししてきましたが、これは十年かけて行う「修業」ではありますが、ある意味では容易なことです。なぜなら卒業があるからです。

したがって、料理長になったら「修業」は終わりですが、そこから新たに「生涯修行」のはじまりです。職場の規模にもよりますが、大きなホテルなどでは数十人のスタッフを率いるリ

仲間たちと若き日の修業時代の著者（前列右端）

ーダー役を務めなければなりません。オーケストラの指揮者のようなもので、当然ながらリーダー学が不可欠です。また、各部署のスタッフ全体に目を配るだけでなく、お店の経営に対する配慮も必要になります。

しかし実際には「オレはここまで上りつめた」と思い上がったごとくになっている場合が少なくありません。おごり高ぶって謙虚さを失ってしまうのです。謙虚さを失えば、作る料理も品性を欠いたものになってしまうのです。

板前として、食についても造詣《ぞうけい》の深い一流のお客様と対面する割烹カウンターの仕事は、いわゆる「晒《さら》し」ですから、お客様という厳しい人たちに揉まれて、人になるという学びが必要になります。

それは人間について学ぶ人間学ともいうべき

ものです。偉大な先人たちの本を読んだり、世の中の動き、時代に対応できる眼と耳を常に養ったりしておかなければなりません。

限界のない学びの修行ですから、一生涯続けるしかないのです。

平成二十五年、和食はユネスコの世界無形文化遺産に登録されました。和食ブームが世界に広がっていることはもちろん素晴らしいことですが、手放しで喜んでばかりもいられません。

かつてノーベル賞を受賞した物理学者のアインシュタイン博士は、こう語っているそうです。

「我々人類は、この地球上に日本という国を神様がつくってくれていたことに感謝する日がいずれくる。世界は覇権を争って戦いに明け暮れやがて疲れくたびれ途方にくれる。その時に地球の盟主となりうるのはこの日本という国であろう」

世界の知性と称される博士にこんな嬉しい言葉で絶賛されたわけですが、現代の私たちの国日本を見て、果たして同じように賞賛してもらえるでしょうか……。博士が褒め讃えたのは古き良き日本、そこに流れる伝統としての日本文化の精神性の奥ゆかしさを認めたからこそ、そう語ったのでしょう。

和食文化は、その象徴ともいえるものの一つです。自然崇拝、大地につながる文化、汲めども尽きぬ奥深さを有していることを、若い調理師たちにもぜひ理解してほしいと思います。

第1章

憧れが夢を追いかける原動力

目の前のことを夢中にやれば、その先に用意されている

どんな職業に就いて社会人となった者であれ、自分の生活や家族を支えるために頑張って働き、その過程でその職業に必要な技能を身につけるために努力をし、その結果として技量が上がり、自信がつき、さらなる頑張りによって職業に精通していくわけです。

ただ単に生活の糧を得るためという動機だったものから、技能研鑽と実践の積み重ねによって、いつしかプロフェッショナルと称されるようなスペシャルな働きになっていきます。そして、この頃には〝使命〟を感じはじめ、責任感とともに道を追求すべく真摯な働きとなり、最終的には「自分の天職である」と誇りに思えるような、生涯探求し続ける価値ある仕事になっていく、さらには後進のお手本となり「後ろ姿で導く」生き方をしていきたいものです。

「道を楽しむ」(道楽《どうらく》)という言葉があります。この境地とは、天より授かったお役目である我が職業に対して使命を感じ、自ら情熱を傾けて仕事に打ち込む姿と言えます。

また、「道を究める」(極道《ごくどう》)とは「天から授かったお役目(仕事)を謹んでお受けし、しかも感謝の思いで取り組み〝世のため・他人のために」という利他の考え方で、真摯に向かい、尽くす。しかも嶮《けわ》しい・難しい顔をしてやるのではなくて、明るく・朗らかに・喜んで・進ん

で行う世界のことだろうと思います。

社会人になるにあたって、高校卒の私の場合、当然選択肢は「学歴は関係ない」職種のなかから探すことになりましたが、できることなら「男子一生を貫く仕事に就きたい」「生涯を賭けるに値する仕事と出会いたい」と考えました。

学歴に左右されない職種のなかで、「手に職をつける」と表現される技能・技術の業種が、心のなかにクローズアップされてきました。その考え方のなかで、〝調理師・料理人〟の職業が、憧れという動機を伴って忽然と私の心に迫ってきました。

初めは「好きか嫌いか」「向いているか否か」、そんなことはほとんど問題にならずに、とにかくこの職業で食べていくために「早く一人前になりたい」ということだけを考えて働いていました。

もちろん右も左もわかりませんから、先輩や上司に命じられるままに必死に対応して働きます。やがて少しずつ慣れてきて、三年ほど経過してキャリアを積むと、周りからも働きぶりが認められはじめ、自らにもそれなりにいっぱしの自信らしき気持ちが芽生えてくるものです。

慣れてくれば、自分の職業を客観的に見られるようになります。ここが、いうなれば〝分水嶺〟、思考岐路の分かれ道です。自分のやっている職業の良さとか、楽しさといった魅力を感じていれば大丈夫だと思いますが、楽しさや素晴らしさは見えなくなって、やたらマイナス面ばかりが目につくようになると危険です。

自分で選んで就いた職業、初めは夢中になって働き過ごしますが、次第に慣れてきます。実は、この慣れが怖いのです。他の職業とくらべる気持ちが自然に湧いてきて、目移りしはじめます。労働を単なる対価（賃金）を求める行為としての一面でしか捉えていない人は、辞めて別の職業に就いたとしても、同じような心の轍《てつ》を踏むことになりかねません。

「隣の家の芝生は青い」のたとえのように、今の職業がつまらないものに思えてきて、他の職業が楽で、割が良く給料も高そうに思える、心の迷い道です。最悪の場合は辞める方向に思考が傾いていくものです。

これとは別に、自分はまだまだ未熟だからと、謙虚に考える人もいます。もっとしっかりとたくさんの経験を積んで腕を磨き、力をつけなければと、必死になって誰よりも働こうと前向きに考えることができるポジティブシンキングの人は、間違いなく成長していきます。

素直だと親方や先輩方の厳しい叱責の言葉も「自分のため」と謙虚に受け止め、心にすっと入って、成長のための栄養になります。誰よりも働こうと考えて取り組んでいくと、周囲の人から可愛がられ、そしてよく褒められます。すると自分で自分のことが好きになっていっているることに気づきはじめます。職業にだんだんと自信が芽生え、地位も給料も、必ず上がります。するとさらに積極的な取り組みに変わっていきます。

こうなるともうしめたものです、チャンスは他人より早くめぐってきますし、その経験を活かし腕がどんどん上がり、周囲からも認められ、ポストも給料も上がりますから、嬉しくなって、新たな高い目標に向かって、さらに精励することができます。

さらには、料理長となって、部下後進の指導育成という大切な役割を担い、責任感・使命感を持って、積極的に向かうことにもなります。

こうしてお客様に喜ばれ、勤務する会社に信頼され、後進たちには慕われつつ、充実感のある豊かな調理師人生を送ることができるのではないでしょうか。

恥ずかしいことですが、最初私にとって調理師は、食ってゆくためにありついた職業でした。しかし賃金を得ること、少しでも高い給料を得るためが主眼だった働きから、キャリアが積み重なっていくにしたがって、明らかに働く意義が違ってきました。他人に喜んでもらうこと、幸せになっていただくことに主眼をおいた働きに、大きく転換していきました。そうしているうちに、少しずつ心が落ち着いてきて充実した働きになっていきました。

この職業に出会えてありがたいという、感謝の気持ちで心が満たされていくことを感じ、同時に職業に対する己の担う責任の重さ、使命感が強く迫ってきました。その頃から、働くということが〝楽しい〟と思えるようになっていき、出会えたこの仕事がいわゆる〝天職〟と思えたのです。これは人生行路のプロセスのように思います。

何が自分の天職かなど、初めからわかるはずもないのです。私の場合を振り返ってみますと、好きかどうかも、向いているかどうかさえも、それほど重要なことではないように思います。

ご縁のあった職業に対し素直な気持ちで向き合い、ただただ夢中でやっていくなかで、いろいろと気づき感じながら、さらなる研鑽・努力を怠ることなく継続していく。そうすると、歩む人生を豊かに彩ってくれる〝素敵な出会い〟がたくさん用意されています。

苦難とやり甲斐とは、必ずセットになっています。しかも順序も苦難が先で、そのあとからやり甲斐が追いついてくる。これは、自らの板前稼業の歩みを通じて何度も思い知らされました。

天の摂理なのだと思いますし、まさに人生修行だと感じます。したがって、心の構えは〝難儀なんぼでもこい〟と能動的な気持ちで迎え撃つことが大事です。逆に漠然とした受け身の気持ちだったら、きっとひとたまりもなく簡単になぎ倒され、押し潰されていたと感じる場面がたくさん思い出されます。

自分を信じて、己に訪れる逆境を恐れない。「朝の来ない夜はない」「止まない雨は降らない」と、挫けそうになる弱気な自分を鼓舞し、倦《う》まず弛《たゆ》まずの真摯な精進、諦めなかった先にはいつも晴れ晴れとした、それまでに味わえなかったほどの充実感と、見えていなかったやり甲斐を感じる道が拓けてくる。そんな思いを何度も何度も繰り返し経験してゆく道程が、生きていくということのように、自分自身のささやかな実体験から感じています。

夢を追い続けることのできる根源が「憧れ」だった

皆さんは小学校に入りたての頃、学校の先生などから「大きくなったら、何になりたい？」という質問をされたことがあると思います。私が子供だった時代は、男の子はたいてい「プロ野球選手」と答えるのが流行りだったように思います。女の子は「歌手」や「スチュワーデス」などを挙げたものでした。今の子供なら「プロスポーツ選手」や「テレビタレント」あるいは「ニュースキャスター」と答えるのかもしれませんし、最近では「ユーチューバー」なんていう、私にはよくわからない職業が、若い人の憧れ、人気のようですが。

他愛ない子供の夢と、微笑ましく思って聞いていますが、たいがいの人は成長するにつれて、子供の頃に抱いた微笑ましい夢を忘れていきます。まるで「夢を忘れることが大人になること」と思ってでもいるようなものですが、果たしてそうなのでしょうか。

そうたくさんはいないものでしょうが、実際にプロ野球選手やプロ歌手になった人たちはほとんど例外なく、幼少期に熱い憧れの気持ちとともに描いた夢を追い続けてきた人たちです。

私たち凡人は長じるにしたがって、たいがい〝己の身の丈を知る〟というか、もっと現実的なものに夢や目標が変わっていくように思います。

それでも、人間はいつでもどこでも、夢を描き、その夢を追いかけて生きなければ、決して活き活きとした人生は歩めないと思います。

それぞれが、己の身の丈の夢を描きます。そして、その夢を追い続けるための原動力・根源は「憧れ」にあると思います。

野球選手を夢見る人なら誰でも、憧れのスター選手がいるものです。もちろん、スポーツ選手や、画家・音楽家などの芸術家の場合、持って生まれた素質や才能が大きく左右しますから、みんなが夢を叶えられるわけではありませんが、憧れの存在を目指して懸命に努力する時期を経験することは、夢を果たせなくともその人の人生をきっと豊かにしてくれるはずです。どんな職業にご縁のあった人でも、就いた職業での夢を追うことは、自分の人生を彩りあるものにするために、とても大切なことだと思います。

私は調理師専門学校の新入生に必ず「将来の夢」を書いてもらいます。ほとんどの生徒が「自分の店を持つ」、つまり「オーナー・シェフになる」、あるいは「料理長になる」と書いてくれます。

私は彼らの夢を応援する立場から、こう言います。

「自分の夢を実現するには、まず一人前の社会人になること、言い換えれば一人前の職業人になることが大前提。その上で、一流の調理師をめざす。そのためには憧れの〝調理師像〟をイメージすることが大切だよ。憧れがないと必ず訪れる苦しい場面で踏ん張れないぞ。職業を好きにならないと我慢・辛抱ができず継続不能になるぞ。続ければこそ確実に夢への階段を上っていくし、その先には必ず匠の扉が待っている。その扉を押し開く資格は、いまスタート地点に立っている全員にあるからね。

もちろん過程では〝辛抱と我慢〟はつきもの。自分の心に負けてはいけない、決して諦めることなく継続すること。そうしたら夢のほうからだんだんと近づいてくるから、楽しくなるぞ」

生徒たちはいずれ学校を卒業して、やがて就職した現場の厨房へと入っていきます。最初は慣れない緊張のなかでそれぞれに必死で働きますが、慣れた頃には日々の業務に追われる生活になりがちです、そしていつのまにか自分の思い描いた、初期の夢や目標を忘れてしまいます。夢や目標を失ってしまえば、その後の厨房での働きは、ただただきつい労働・作業になってしまいます。

自分の店を持つことがそうそう安易でないことは、修業と称される現場の学びをしていく過程で自ずとわかってきます。それでも挫けずに夢を追い続ける人には〝強い憧れ〟の気持ちがあるものです。

憧れの対象は、就職した厨房の料理長だったり、テレビ・料理雑誌などのマスコミ的に有名なシェフだったりとさまざまですが、いずれにしても憧れという強く熱い思いが、夢を追い続ける原動力であると思います。

夢を追いかけている人は輝いている

夢を追い続けることができる原動力となる憧れ、これを言い換えれば〝立志〟と称してもよいでしょう。

私自身が調理師という職業と初めて出会い、そして憧れたきっかけは、郷里の三陸海岸の小さな普代村、その村営の国民宿舎「くろさき荘」の厨房で見た〝カッコイイ板前さん〟の粋な庖丁捌《さば》きです。その姿に魅了され、忘れられない強い憧れの心を持ちました。

高校を卒業して、実家の自営業（精米・製綿業）を手伝っていた頃のことです。村役場に勤める先輩が国民宿舎で働いていましたので、よく訪ねていっては宿直室に泊めてもらっていました。

まさに居候で、食事も無料でいただくことの心苦しさもあり、自然に客室の清掃や厨房での食器洗いなどを手伝うようになりました。

当時、全国的にも国民宿舎ブームが起きていました。岩手県でも昭和四十五年に開催された

「岩手国体」の数年前から国道の舗装をはじめとする交通網の整備が進みました。それが県外からの観光客誘致につながり、それに伴って県内各自治体にある国民宿舎間の誘客競争も激しくなってきた時代背景もあり、宿泊棟の新築・増築・改築が次々に行われていきました。

宿泊を伴う飲食サービス業の繁盛ブームですから、当然、接客にも料理の質にも気を使う必要に迫られてきていた、ということだったように感じました。

そんな折に、厨房で働く地元のお母さんたちの井戸端会議で話題に上っていたのが、「今度ねえ、村ではプロの調理師紹介所に依頼して、腕の立つ板前さんを招聘するらしいよ」。

「腕の立つ板前さん……」――私は俄然聞き耳を立てました。そして、そのあとの会話の内容にさらに驚きました。

「その板前さんてさぁ、腕はいいらしいけど、やくざっぽいちょっと危ない人なんだって。それなのにすごく高い給料で呼ぶらしいの、なんでも村長さんの次に給料が高いらしいよ」

やくざっぽい板前で、村長に次ぐ高給取り……？　私にとってはまさに〝カルチャーショック〟の驚きでした。

そんなに大きな期待をもって招聘された、いわゆるプロの料理人が国民宿舎に就任・着任するというその日、私は好奇心が高まってじっとしていられず、仕事を返上して見学に行きました。その時の様子は、いまもよく記憶しています。

迎えの車から降りてきた四十代後半に見えたその人は、まるで仁侠映画に登場する渡世人を思わせるオーラを纏《まと》っているように思えました。

私には、なにか怖くもあり、とても粋にも思われ、そしていなせにも感じたものでした。

さらに厨房に入って、白衣を羽織ったとたんに、風貌も眼光もさらに精悍さを増し、その格好良さに引きつけられる思いがしたものです。

立ち会った厨房スタッフの全員が、まるで映画スターにでも魅了されたような瞳になって見つめるなか、その料理人の包丁捌きは実に鮮やかで、私もただただ見とれるばかりでした。

このようにカッコイイ職人の世界があるのかと、大きな感激と感動を覚えるとともに、そのプロ料理人さんの給料が、村長さんの次に高額な条件であるということは、私にとって魅力的で衝撃的な事件でした。

「男子一生の仕事に就きたい」「生涯を貫く仕事に出会いたい」——と切望していた二十歳の私の目の前に、夢と憧れと目標が、いっぺんに舞い降りてきた瞬間でした。

さて、「プロの料理人になりたい」と思いを抱きましたが、なるための手立てがまったくわかりません。職業紹介欄の記事を読むと、

「一人前の料理人になるには、少なくとも十年かかるといわれる世界」と書かれていました。

十年もかかるのか、と普通なら臆するのかもしれませんが、私は次のように考えました。

十年かけて頑張ってようやく身につくものなら、これは〝男子一生を貫くに値する仕事〟に違いない。よし、十年ぐらい何が何でも修業に耐えて、必ずプロの料理人になろう。

あと戻りできない立志をあと押ししたのは、何と言っても父と母の存在であり、父母の生き様だったように思います。志を遂げることができなかったら二度と郷里の土を踏まない……。

こうした強い覚悟を持って上京し、親に金銭的な迷惑をかけずに、働きながら学べる学校として、東京の新宿調理師専門学校の夜間部に入学し、私自身が自らの責任においてデザインした夢を追いかけるための一歩を踏み出したのです。

目標を持てば、こんな素敵な仕事はそうそうない

調理師学校に入った時、私は二十一歳になっていました。まわりのほとんどの者は、中学校や高校を出たばかりの生徒たちでした。

調理師人生レースは、スタートからすでに後れをとっているような、そんな焦りを感じたことを覚えています。その遅れを取り戻すためにも、一日たりとも無駄にはできないと心構えを決めました。覚悟のほどを自分自身に示すため、頭髪を剃刀でスキンヘッドにし、さながら出家した修行僧の様、気持ちもまさにそんな心境でした。

私は夜間部の特待生として入学しました。この特待生という制度は、朝から夕方までは、昼間部の授業指導を行う教職員の手伝い（補手という身分）をし、夕方の六時からは夜間部の生徒として授業を受けるというものです。在学中は学校の寮住まいの生活で、勤務では食事付き、その他にいくらかの手当て（給料）をもらって自立した生活をする制度です。

田舎から出てきた私にとっては願ってもない好環境・好境遇でした。入学時に支払った授業料は、郷里で働いて貯金したお金で納めて、不撤退の覚悟で飛び込んだのでした。

「補手」と呼ばれた特待生たちの役目は、調理実習授業での食材分配や調理道具を揃えるなどです。調理実習は和食・洋食・中華とあり、補手はそれぞれの授業担当の講師や助手の先生方の指示にしたがって、てきぱきと休む間もなく働くことが要求されます。特待生のなかには、「俺たちを、メチャクチャ安い手当で、うまいことこき使っている」と不平不満をこぼす者も少なからずいましたが、私自身はむしろ、教職員の先生たちの近くで、調理実践をイロハの「イの字」から学べる環境が、ありがたくて嬉しくてたまりませんでした。

在学中ずっと先生たちの傍でお手伝いができる幸せ、また外来講師として招いた料理業界の実力者であるプロ料理人の先生方の講義と実技を直に見ることができるのですから、こんな素敵な、恵まれた環境はそうそうありません。ありがたくも良い修業のスタートが切れていることに日々感謝して喜んで働き、楽しく学んでいきました。

調理師専門学校での学びは、調理実習だけでなく調理理論・栄養学・食品学・衛生学などの座学もありました。どれも職業につながる、いわゆる〝自分の飯の種になる〟内容と思えて、どの授業も耳をそばだてて聴講しました。そうすると、まるで乾いた砂地に水が吸い込まれるように身についていく、そんなワクワクした感覚を覚えたものです。

幕末期、吉田松陰が開いた松下村塾などの私塾では、家計的な貧しさのために塾費用を払って正規の塾生として学べない青少年もいました。彼らは住み込み塾生として、掃除・炊事などの下働きをしながら、部屋に入っての聴講は許されない身分だけれども、廊下や縁側などの雑巾がけといった用務の時間を盗んで、師が塾生に語る講話を襖や障子越しに聴いて学んだそうです。そういう苦学生は〝学僕〟と呼ばれていました。青雲の志高き彼ら学僕の中に、あの明治維新に活躍した者たちが大勢いた、という逸話を知った私は自分の身の上に重ねて想い、おおいに触発されて頑張ったことが懐かしく思い出されます。

この特待生という制度を有効に活用して貪欲に学んでいこうと、上京し夜間部入学から卒業までの一年半・五四七日間、私の心の弓は張りっぱなしの状態でした。

このように、他の生徒とは取り組み方が断然違う私でしたので、教職員の先生方には特別に目をかけてもらいました。なかでも〝野口天皇〟と称されて、学校中の生徒から大変に怖がられ、恐れられていた日本料理の師範先生に可愛がってもらいました。

この野口天皇様は、教務室でもご自分の席では机の上にドンと両足を伸ばして乗せていました。見るからに、絶対者としてのオーラを纏った名物先生でした。助手職員や特待生がヘマでもしようものなら、もう大変、「馬鹿ヤロ！　ド阿呆！」などの大きな雷が落ちます。このように震えあがるほどに怖い「オヤジ」という存在の天皇先生でした。

恐ろしい、圧倒的な存在の先生ですから、この先生の実習授業のアシスタントには、怖じ気づいて誰も付きたがりません。

私は指名されて幸運と思って、喜んで担当させていただきました。だって、料理人としての腕は超一流の先生でしたから、おそばでその卓越の技を盗みたいという思いで、瞬きするのも惜しまれる気持ちで見つめていました。そんなに眼をぎらぎらと輝かせて取り組む私を、天皇先生はすぐに気に入ってくれました。

学校の外での、一般の方を対象とした出張料理講習にもアシスタントとして連れていってくださったのです。さらに天皇先生が行う日本料理の授業の折には「俺の授業のときの特待生は上神田以外はいらない、他の奴らは気がきかないから邪魔だ」との一言。かくして私は在学中の一時期、天皇先生の専属特待生の状態になったのでした。

八時から十七時まで、補手（実践の学び）としての任務に従事、終了するとすぐに着替えて今度は、夜間部の生徒としての授業の受講が十八時から二十二時まで。それらを終えると、学校から走って五分のところにあった「十二社寮」と呼ばれていた宿舎に急ぎ帰り、風呂用具を抱えて銭湯へ向かいます。寮の門限・消灯が二十三時、したがって睡眠時間以外はほとんど休む間もなしで、濃密に学ぶ毎日を過ごせていたと感じます。生来の不器用がなにより心配の種だった私には、これ以上ないと思えるありがたい環境でした。

当時、夜間部の授業担当の先生たちは外来講師が中心でした。ここで私は、生涯の師となる西宮利晃先生と運命的な出会いをすることになったのです。入学式のとき私は、夜間部新入生の代表として「誓い」を述べるお役目をいただきました。その入学式で、西宮利晃先生が来賓を代表されて、お祝辞をお話しされたのでした。

西宮先生が、関東系の日本料理の世界で指折りの存在の料理人であることを知ったのは、入学してしばらくたってからのことでした。日本料理の初めての実習授業で、西宮先生の庖丁を握って料理する姿は、今でも眼に焼きついていて忘れることができません。

私の目に、かの天皇先生とはまったく対照的な人柄に映ったのが西宮先生でした。常にきちんとネクタイを締め、紳士然としておられながらも、調理に取りかかる眼光は鋭く、一筋の道を究めてきた超一流の料理人にのみ許される〝匠としてのオーラ〟を纏っておりました。

決して声を荒立てることなく、助手の職員にも優しく接してくれ、私たちに向けられた眼差しも、温かい優しさを感じるものでした。それはすべての教職員と生徒たちが同じように感じたと思います。

私には、西宮先生に対して、別の感慨もありました。私の実父は大正四年生まれ、西宮先生は大正五年生まれとほぼ同じ時代を生きてきたわけですが、二人の男性を対比して〝男の人生の軌跡〟を見る想いで考え、自分の目指すべき未来を想い描くようになっていました。

実父や西宮先生と同じ世代の方々は、過酷な時代を生き抜いてこられました。青年期の徴兵制に伴う義務、その後の終戦・敗戦に向かうなかで戦局の悪化に伴う再度の召集命令、さらに命の危険に晒される戦闘の場面で幾多の戦友の死にも遭遇、やがて追い詰められ命からがらの敗走行軍、そして無念の終戦。肩を落としての母国・日本への帰還、やがて除隊が許され、それぞれのふるさとへの帰郷を果たしたのちも、改めて家族・親族とともに暮らしの再建、家庭をつくり上げていくという運命を背負わされたのです。

同世代の方々のめぐり合った境遇に多少の違いはあっても、戦争体験の苦労・忍耐・辛抱、さらには苦悩・悲しみなどは似たような部分が多かったのではないでしょうか。

しかし、その後の人生の歩みは、人によって大きく違っていったと思います。

すべてを戦争のせいにして、その後の自らの人生をまるで投げ出したように、夢・理想や目標を持てずただただ飲んだくれ、無為の日々を繰り返すだけのような人生を歩んだ人……。

もう一方は、敗戦の悔しさから立ち上がり、失った戦友の〝もっと生きたかった命〟の無念を忘れずに、生き残った者の使命感を背負って、自らの家族の暮らしはもちろんのこと、祖国日本の再建にそれぞれの分野で力の限りを尽くして頑張って働き、功なり名を遂げた人……。

後者の生き方をしておられたのが西宮先生でした。初めて拝顔したときに魅せられて、私は心を決めました。この人のような大人になりたい、この人を生涯の師匠としてあとを追っていこう。そのためには、師匠がこれまでたどってきた道を自分も一つずつ、丁寧になぞるように歩んでいって、料理人・西宮先生にあやかろうと、強く決意しました。

こうして私は西宮先生の弟子になり、先生がお亡くなりになるまでの十六年間、その後ろ姿を追っていきました。現在私が、曲がりなりにも日本料理の料理人としての歩みをさせていただけているのは、西宮先生との出会いがあったからこそです。

夢を見ること、憧れの存在を持つことの大切さはすでにお話ししましたが、憧れが身近にいる具体的な人物であれば、大変運がいいと思います、追いかけるべき、たどりつくべき目標が明確なものになるからです。その意味でも私は、実に幸運な人生だと思います。

もしあなたが挫折しそうになっているなら、そういう目標になる存在を見つけてください。働いているお店のオーナーでも、厨房の料理長でもかまいません。あなたが本気でその人のあとをついていきたいという強い思いを持って働きかければ、その気持ちは必ず伝わります。

たしかな目標を持てば、料理人の世界は少しも苦しいものではなくなります。それどころか日増しに自分の成長が実感できる素晴らしい仕事であり、ワクワクするほど楽しい仕事なのです。

夢の実現はその人の思いの強さにかかっている

「日本の若者はハングリー精神を失った」と、戦後のベビーブーム時代に生まれ育った〝団塊の世代〟の方々が、よくそう言っているように感じますし、少しあとの世代の私も似たような思いになることもあります。

では、いつ頃からこう言われるようになったのでしょうか。正確な時期はわかりませんが、どうやら日本が高度成長・高学歴社会になっていったあたりのように思えます。

昭和二十年八月十五日、日本は第二次世界大戦の敗戦国となりました。日本中が空襲の焦土と化して、町並みや住宅が消失・廃墟となり、国民は食うに食えない、どん底の生活に突き落とされるという一億総貧乏時代がしばらく続きました。昭和二十八年まで三年間続いた朝鮮戦争の軍需景気も弾みになって、経済面での景気回復の兆しが戦後復興の牽引役となったように思います。その頃には戦後生まれの団塊世代が義務教育を終え〝金の卵〟ともてはやされた〝働き手〟として戦後復興の担い手になり、世界を驚かせる高度経済成長を遂げていきました。

新宿調理師専門学校卒業式。毎年、多くの卒業生が巣立っていく(平成29年度立志式)

その象徴が昭和三十九年、アジア初のオリンピック、東京五輪の開催と言えます。

経済力・消費力が上がるにつれ、国民の生活意識も向上し、昭和四十五年の大阪万国博覧会を開催、さらなる経済成長において「一億総中流社会」と呼ばれるようになりました。生活が豊かになるにつれ教育熱も高まり、全国に大学が続々と設立され、〝駅弁大学〟などという新語が生まれるほどでした。国民の教育水準が高まることはさらなる国力アップにつながると見なした政府も〝受験戦争〟という過激な言葉が流行語になるほどに進学熱を煽り立て、大学の数が鰻登りとなり、結果的に猫も杓子も大学へ進学するようになったわけです。

私が小学生の頃、大学へ進学するのは、村に一人か二人いるかいないかという状況でした。

大学を卒業した人は〝学士さん〟と称され、地域ではリーダーを担う人材として期待されたものでしたが、今日では〝大学全入時代〟と言われ、大学の質を問わなければ、大学進学を希望する者は全員が大学生になれるという時代になりました。今や大卒者自身も社会のリーダーとしての自覚も希薄で、だれも特別に期待もしなくなってしまったように感じます。

生活向上・国力向上のために大学を増やした結果、日本の現状はどうでしょうか。経済優先・学歴偏重で突き進んできたためのゆがみのようなものが、社会のあちこちに表れていると思います。見た目の生活向上と利便性は格段に進んだにもかかわらず、幸福をさほど感じることのできない、なんとも哀しい国民という状況は憂うべきではないでしょうか。道徳教育のこと、軍事防衛のこと、医療福祉のことなど、問題山積の感があります。

もちろん高等教育の必要性は私も認めますが、高学歴を必ずしも必須としない〝手に職〟の職人世界があるということ、技能尊重の大切さを見逃してはいけないと思います。

明治・大正の時代、料理人の世界には小学校を終えたばかりで入ってくるのが普通でした。まだ十歳から十二歳くらいの子供で、多くは地方から東京に出てきた、大概は貧しい家庭の出身者でした。その年齢で親元を離れてお店に住み込み、使い走りからはじめて、大人たちにもまれながら修業（約十年）したのです。場合によっては兄弟子に怒鳴りつけられたり、叩かれたりしながら、まさに精進・辛抱して身体で生きてゆくための術（仕事）を覚えたわけです。

そういう環境のもと、歯を食いしばって耐え忍んで、継続し続けた人がやがて名人、達人と呼ばれるような〝匠〟になっていったのです。これはなにも料理人の世界に限ったことではなく、技術職と称される世界ではほぼ同じだったでしょう。精進を支えたのは、何が何でも成功するぞという不撤退の〝ハングリー精神〟にほかなりません。

先に述べたように、現代社会ではもっとも修業の厳しい世界と言われる大相撲は、料理人と同じく、職階を十職で示す世界です。昔はやはり小学校を出たばかりで入門していました。貧しい家庭の子供も多く、「腹いっぱいごはんが食べられる」という理由だけで入門した子も少なくなかったようです。先輩たちに稽古でもまれ、心身が強く大きくなっていって、自らの努力で栄光をつかむ、ハングリー精神そのものの世界です。

教育現場でもある調理師学校で、日々若い生徒と接していて思うのは、昔と比べて今の若者は「精神的には戸籍年齢の八掛け、いや七掛け……」だなぁということです。稚い心の同じ歳の仲間ばかりとつるんでいると、心はさほど鍛えられないものです。「人は人に揉まれて人になる」可能なら自分よりも年齢も、経験も上の人と絡むよう心がけると、考え方も物の見方も自然と大人になり、同い年の同級生が幼く感じられるものです。他人に依存したような向かい方では、なかなか成長できません、独立自尊の熱い強い思いをもって、本気になって取り組むしかないのです。

技は盗んで覚えるものと心得る

大相撲の力士であれ、料理人であれ、いま指摘した思いの強さ、本気度の強さが一番の基本ですが、入門した当初はみんな、同じように熱い思いを抱いています。しかし、年月がたつにつれ力の差がついていくのは、学び方に違いがあるからです。

職人や芸人の世界では「技は盗んで覚えろ」という核心をついた言葉があります。先輩たちの仕事のやり方を、目を皿にして見て頭に叩き込み、それを真似てやってみる〝見て習う〟世界です。先輩が楽にこなしているかのように見えることが、やってみると自分にはなかなかできない。さらに先輩の仕事ぶりを吟味して詳しく見る、真似してやってみる。同じようにできたつもりでも、どこか違う。なぜだろうと自問し、さらに真似る。

この繰り返しの精進が、一人前のプロになっていくための修業です。調理師学校では超一流の料理人をたくさん師範として招き、実習講義（デモンストレーション）をしていただきます。

そのとき、ただ漫然と眺めているような向かい方では、単に催しものに立ち会ったギャラリーとして参加したに過ぎず、もったいない限りです。じかに熟練の技をご披露いただけるのですから、その道を目指す者にとっては魅力満載です。食材の扱い方はもちろん、庖丁の握り方、

著者の包丁さばきを食い入るように見る生徒。「技を盗む」――その意欲が試される

切り方などの〝庖丁捌き〟、大きなまな板を効率的な仕事をするために使うプロの〝まな板捌き〟、それらをじかに学べる、誠に貴重な機会なのです。

「眼玉しっかり見開いて、耳の穴をかっぽじって」目と耳の奥の記憶に焼きつけるほどに集中して見て盗むという気構えがなければ、一生を貫くほどの大切なものは身につきません。

私は学生時代、実習授業に臨むときには必ず師範の先生にもっとも近い席に座り、身を乗り出して先生の一挙手一投足を食い入るように見つめていました。

剃刀《かみそり》で青々と剃り上げた、いわゆる〝スキンヘッド〟という気合いの入ったいでたちで、まばたきする間も惜しいという思いで、受講していましたから、先生のほうも自然に気になります。私の目を見ながら語ってくれたものでした。

卒業して厨房の現場に入れば、なおさらこの〝見て習う〟という心構えが大切です。〝習う〟という漢字は、孵化《ふか》した雛が、親鳥の「巣を飛び立つ様子、戻ってくる様子をよく見て習う」という意味から発しています。経験のない雛は、よく見て学ばないと失敗がそのまま命取りになります。練習飛びなど許されない命がけの一発本番です。「習」はその、いずれ巣立ちのための羽（翼）と素直で無垢な白い心を組み合わせた漢字であり、技の修得の究極は〝真剣に見て習う〟ことだということを〝訓《おし》えて〟くれています。

ここで、「教え」をあえて〝訓え〟と表記したのは、そうした意味を込めたからです。真の技術は〝盗んで覚えるもの〟という覚悟が必須だということでもあります。

厨房での先輩たちは、それぞれに忙しく仕事に集中していますから、学校での学びのようにいちいち後輩に教えてはくれません。見て学び、それを真似してみて、さらに自分にふさわしいやり方を身につける、それが盗んで覚えるということです。

一生涯の修行に向かう姿勢は「我奢るなかれ、生涯見習い小僧である」というぐらいの謙虚な心が大切であると思います。

進む道は難しいほどおもしろい

私は夏の山歩きが好きで、若い頃には休日を利用しては、単独で北アルプス・南アルプス・八ヶ岳連峰、さらには白馬岳連峰などの縦走をするのが楽しみでした。

どこの山を目指すかによって装備の準備や事前の体力トレーニング、実施に向けての段取りはまったく違ってきます。まさか、軽装備でエベレストに登ろうとする、無鉄砲で愚かな登山家はいないでしょう。

千メートル級の山の頂上に立った者にとって、まだまだその上には二千、三千メートル、さらには日本一の富士山もあり、世界最高峰のエベレストもあります。

登山家が次々に難しい山に挑むのはなぜでしょうか。自らの意思と責任で、険しい道を命がけで一歩ずつ登っていき、やがて頂きに立ったときの達成感や喜びの感激を脳裏に描いているからに違いありません。

人間の冒険心・探究心は果てしないように思います、場合によっては命の危険をおしても挑むほど魅力的であるがゆえに、踏破・登頂という大きな感動を胸に秘め、孤独と対峙しながら一歩一歩と足を進めるのではないでしょうか。

仕事においても、夢が大きいほど、目指す目標が高いほど、綿密な準備や、鍛錬が必須です。

会席料理の料理人でいえば、見習いからはじまる職階を一段ずつ上り、親方さんからの〝お墨付き〟をもらって修業を終え、その後に晴れて独り立ちの板長（料理長）になったときが、最初の目標達成といってもいいでしょう。しかしまだ〝いっぱし〟です。料理長たちの縦列の中ではもっとも端っこ、まだまだ末席・しんがりです。ここで満足してしまうようでは、その後の熟練に至る技の研鑽、匠への階段は上っていけませんし、ましてや慕ってきた若い衆をしっかり導くための人間性の成長はおぼつきません。

どの職業、どの道においても上には上があり、料理人の世界でも、かつて名人、名匠と称されるぐらいまで研鑽を積み、あくなき〝料理道〟を探求した人たちは皆一様に、料理長になったときを生涯修行の出発点と位置づけ、精進を積み重ねて、匠への階段を一段一段踏みしめながら登っていったのです。

私も師匠にお墨付きをもらい、料理長にさせていただいたときを第二ステージの幕開けと思って、新たなる初心を持っていろいろなスタイルの飲食店で料理長としてのたくさんの経験を積んできました。お店によって規模も客層も異なり、それぞれにさまざまな制約があるなかで、よりベストを目指して真摯に努めてきました。

大きな職場なら調理スタッフだけでも何十人という大所帯です、彼らに夢と希望を持たせ、一人一人にやる気を起こさせ、技術の研鑽を促すという育成術、同時に安全で美味しい食事の提供のための、サービススタッフをはじめとする他部署との、コミュニケーションによる効率のよい仕事を進めていくには、率先垂範のリーダーとしての学びが不可欠です。一方、小さな割烹店であっても、社会的に超一流と評されるお客様ばかり来店されるお店の場合もあります。

それまでの自分が重ねてきたと思っているたかだかの経験や実績にあぐらをかいていたのでは、とても務まりません。〝晒《さら》しの仕事〟と称される割烹カウンター越しのお客様対応は、単に料理をお創りして提供さえすれば、それで事が済むといった安易なものではないのです。

高級店にお越しくださるようなお客様は、大概〝食通〟を自負されているものです。舌の肥えたお客様に満足していただく料理をお出しする創意工夫はつねに不可欠ですが、その要望は留まるところを知りません。そんなお客様への料理はいつでも期待以上でなければファン（顧客）にはなってもらえませんし、臨機応変の対応や、おもてなしの力も問われます。

晒しの割烹カウンターは、料理人とお客様とが毎日〝さしの勝負〟を繰りひろげる場です。とても怖くもあり、逃げたいときも、隠れたいぐらいに苦しいときもあります。一方で、またなんとも言えず楽しくもあり、えも言えぬ感激や素晴らしい感動を味わうこともできるところです。料理人をもっとも鍛えてくれる緊張の〝夢舞台〟なのです。

与えてもらった境遇は、自分が主役の人生劇場

人の一生はよく演劇にたとえられますが、生まれてきたときには既に筋書は決まっているのでしょうか。自分がどんな役を与えられ、どんな舞台に上がることになるのか、誰も知る由がないように思いますが、しかし万人に共通しているのはどなた様も〝たった一回きりの人生〟であるということです。そして主役は己自身だということです。

たとえば、経済的に貧しい家庭に生まれたからといって、生涯にわたって貧しい不幸せな一生を送るとは限りません。反対に、とても裕福な家庭に生まれたからといって、生涯にわたって経済的に恵まれた幸せな一生を過ごせるとも限りません。

与えられた自分の境遇をどう生きるかは、その人次第、己自身の手のなかに委ねられていると思います。

一つの職業に就くには、さまざまな理由があると思います。最初から志を立てて選ぶ人もいれば、偶然のきっかけや出会いによってその職業に就く人、あるいは余り好んではいなかったけれども、なかば強制的にその職業に就かされた人もいることでしょう。

どんな理由であれ、一つの職業に就くということは、社会という舞台に上がるということで

あり、あなた自身の人生の歩みがはじまるとも言えるでしょう。

さて、舞台というからには脚本家がいて、監督がいて、舞台俳優たちがいるわけですが、主役を演じるのはあなた自身であり、脚本を書き監督を務めるのもあなた自身であるということです。したがって、どんなお芝居になるのか、すべてはあなた次第であり、しかもリハーサルなしの即本番、たった一回きり興行であることはどなた様にとっても平等な掟です。ならば、己の人生をどうデザインして生きるか、どういったキャストを配置し、感動と感激のお芝居を感謝で演じ切るのか。

お客様に喜ばれ、できる限りの幸せを与えつつ、己も幸福感に満ち溢れた温かい心持ちになって、ご縁とご恩を頂戴した皆様に、心からの感謝と御礼をお伝えする。そんな人生劇場の幕引きがしたいものです。

コラム

料理の仕立て方〈二〉

◆弥生(三月)の風韻——春の宵

料理の献立を作るときに、二通りの場合が考えられます。ひとつは新鮮な旬の材料の入手できるもので献立を作る、つまり食材主体に決める場合と、もうひとつは器の取り合わせが先になって決まる場合、たとえば器の手持ちが少ないので、どうしても器の種類に制限されて献立が決まるとか、趣向のために使ってみたい器で決まるとか、ご自慢の器を使ってみたいなどの都合で決まる場合とがあります。

特に「雛祭り」「端午の節句」の時期などには、楽しい趣向の料理をお召し上がりいただきたいと思うのが、日本の気候風土に根ざして暮らしている者の素直な人情でしょう。雛の節句は女の子の成長を祝う節句ですから、可愛らしく、楽しい、やわらかい雰囲気の

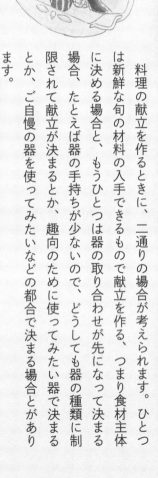

料理に仕立てたいものです。しっとりとした、やさしい料理の中にほのかな趣向が感じられて、しかも主体はあくまでも美味しさを忘れずにお作りします。

昔は子供の躾に、本膳式にそろった雛膳のお椀やお皿を遊びの道具として与え、遊びの中から知らず知らずのうちに食器の配膳を教えたそうです。そして季節の移り目、折り目を大切に考え、女の子の歓びの日としてお祝いし、美味しくなる旬のもので献立し、それらの味に親しみ、伝統の味として子女に教え伝えてきました。

貝類が旬を迎え、中でも欠かせないのが蛤です。蛤の殻は一対のものとして、他の貝とは合わないので、これを貞操のしるしとし、桃の節句や婚礼の吸いものによく使われます。

春の摘み草の苦味と繊維が整腸剤の役を担って、冬の運動不足による、胃腸のとどこおりを癒してくれます。自然にそむいた生活の都会人は、季節の恵みを改めて認識し、そして感謝したいものです。

◆卯月（四月）の風韻――観桜の宴

最も日本人に好まれ親しまれてきた花はなんといっても「さくら」でしょう。固い蕾《つぼみ》のうちから気にかかりますし、暖かさが増すとともに蕾が膨らんできて、ピンク色の花弁が覗き見られるようになると、もうハラハラドキドキと胸の鼓動が高まります。花の咲いている期間は誠に短く、しかもはかないものですが、その白き清らかさと散り際の潔さ、昔から日本人好みの「花」として愛されてきました。

日本料理は俳句的と言いますが、季節を尊重するところに真の良さがあるわけですので自然と料理作りも「さくら」がテーマになってきます。子供の頃に家族で花見の行楽に出掛けた楽しさとお弁当の美味しかった思い出は将来にわたって忘れません。愛情の溢れた母親の手作り弁当は空腹を満たすにとどまらず、こころの栄養になっているからです。動物の餌は胃袋にのみ食べるかもしれませんが、お料理はこころにいただく所以《ゆえん》です。

四月の声を聞くと、にわかに暖かさが増してきますので、料理の味付けにも注意が必要です。たとえば清まし汁の場合は寒い間は塩は控えめで醤油味を主体にした調味でしたが、ここからは徐々に塩味の割合を増やし醤油は添え役となっていきます。合わせ味噌の汁にしても、四月頃からは赤味噌を加える量を多くすると季節的に美味しく感じるものです。

焼きものも幽庵焼きや味噌漬けなどは暖かい季節には美味しく感じられませんし、煮ものにしても甘く煮上げたようなものはあまり好まれないものです。気温に合わせた調味の加減が肝腎です。

今月は魚の王様、産卵期を控え旨味の増した真鯛を使って「花見の鯛の姿作り」、豪勢に盛り込んで主役に据えました。一段の美しさを演出し、酒の魚も海の旬、山の旬をたくさん用意して、「お酒を飲む人、端ならつぼみ、今日も避け、明日も酒」と謡われるほどの、「左利き」の方々がいまかいまかと、待ち焦がれた酒席、「花見の宴」をおおいに盛り上げましょう。

◆皐月（五月）の風韻――風薫る

初夏の装い、風薫る頃には山から、野から、海から旬の食材が、いろいろと出回るいい季節です。五月五日は「端午の節句」、広く高い青空を気持ちよさそうに泳ぐ鯉幟に、将来を担う子供たちが健やかに、素直に、そして逞しく成長してくれるように、祈願する気持ちを込めます。

料理もその気持ちを素直に表現したものとなるように、男子の節句らしく、凛とした中にも、野趣を盛りこんだ献立とします。メイン料理のさしみには、日常あまり召し上がる機会の少ない「鯉の洗い」を用いました。走りの冬瓜を大胆に器に使い、勢いよく繁る新緑の若葉をむき出し、鯉の頭を兜に模して、夏のはじまりを感じさせる食用花を添え盛り、楽しげな食卓の演出をします。自然にできるものには旬があります。そのものが最も美味しい時、この旬を待ち構えて食べればよいわけです。自然に逆らって作られる促成のものには、自然のものの持つ密度の細やかな滋味はとても望めません。季節の野菜が八百屋さんの店頭にたくさん並び、山と積まれたときが旬で、美味しく、最も安価な頃です。

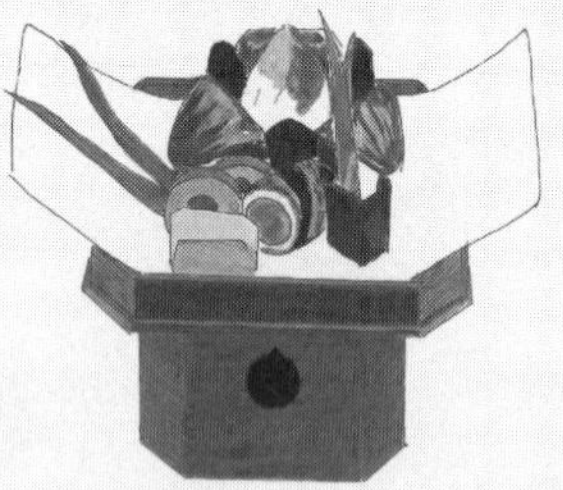

茶道では、初夏の装いとなり、「初風炉の懐石」です。懐石を作る人も、碁や将棋の世界と同じで調理の手順を三手より五手、五手より七手と先の読める人が美味しい懐石を作れると言われます。懐石の用意は調理場で充分に作り上げておき、客の揃うまでに客間に続く水屋に運び入れておき、席中の動勢に耳をそばだたせながら御飯をつけ、汁を盛るのでなければ真髄を発揮できません。

これは、懐石に限らず、すべての料理作りに共通したことです。調理の手順が悪く騒がしい音が響くようでは美味しい料理は期待できません。師匠の口癖でした。「戦争は陣取り、仕事は段取り」。お客様との真剣勝負の積み重ねが技術と料理の品格を向上させてくれるはずです。

第2章

出会いはすでに用意されている

職人は二人の「おやじ」を持ってこそ

料理人や大工さんなど、「職人」と称される技術職の業界で生きている人はみな、「おやじ」と呼ぶ〝職親〟を持っているものです。このおやじは単なる上司というのとはニュアンスが違う存在です。強い愛情を持って厳しく技術を仕込んでくれた恩人のことです。

自分を生み育ててくれた実の父親がいるわけですから、「職人は、二人のおやじを持つ」ことになります。実の父親と、生きてゆく上で欠くことのできない技術、腕に覚えを授けてくれた親方であり、師匠のことです、どちらもかけがえのない存在です。

実の父親は選べませんから、宿命的存在であると言えると思います。一方、職業上の親方や師匠とは、自分が尊敬し、師事したいと思う出会いですから、誠に運命的と言えると思います。いつ、どこで出会えるかはわかりませんし、直接その方の若い衆として、一度も同じ厨房に立ったことがなかったとしても、心から〝師〟と仰いで私淑したり、機会あるごとに慕って教えを乞うたりして影響を受けたという〝師と弟子〟だってあると思います。

よく後輩にあたる料理人を指して「あいつは俺の弟子だよ」といった言い方をする先輩がいますが、〝師弟〟の関係は上から押しつけられるものではなく、憧れと敬いの心を持って師事するのが〝師匠〟といえる存在だと思います。

私自身が調理師の道に進む遠因になった、実父についてお話しさせていただきます。

両親は、私を含めた五男・五女の合計で十人の子供を授かり、そして養育してくれました。長男が昭和十一年生まれ、十番目の末っ子が昭和三十五年生まれですから、母は二十四年間に十人の子供を産んでくれたのでした。時代背景もあったとはいえ、すごいことだと思います。

私自身は昭和二十八年生まれ、父が三十七歳、母が三十六歳のときの子供で、兄姉のなかでは七番目、三男として生まれました。

先の戦争を間に挟んだ、戦時中の困難な暮らしと、たくさんの子供たちを養育する苦労は、どれだけ大変なことだったろうと思うと、ただただ頭を垂れるのみです。

両親の没年齢に年々近づいてきて、改めてありがたさと恩義に対して合掌し冥福を祈りたいと思いますが、幼い時分の記憶にある実父は、大酒飲み・焼酎飲みでした。いわゆる〝呑んべえ〟の人でして、飲みはじめは「朗らかな人」、しかし飲酒が進んだある時点から「ものすごく怖い人」に変身、子供の私たちにとってまるで別人のように眼がすわり、傍にはいられないほどの恐怖心を抱いたものでした。

殺傷事件や交通事故を起こした人が、実はアルコール依存症やアルコール中毒患者だったという、当時のニュース報道を聞くにつけ、決して他人事には思えませんでした。

子供たちが寝静まっている深夜の午前一時、二時頃になって、飲み屋のお姐さんに両肩を支えられ、グラグラの泥酔状態で帰ってくることがありました。その当時、村にはまだ電気が通っていなくて、ランプでの暮らしでした。もちろん街灯だってありません。月夜の晩でもなければ帰宅路は暗闇の中です。そんな中を帰ってくると、まるで憂さ晴らしとしか思えない勢いで、眼についた物を手当たり次第、家の戸や窓に投げつけて暴れます。

そんな父を必死で止めに入る母はとても小柄ですから、一瞬にして殴り飛ばされます。

幼い私たち子供はもう怖くて恐ろしくて、家の外に裸足のままで飛び出し、母のあとを追うようにして逃げ出すのが毎度のパターンでした。郷里の冬の凍った地べたの厳しい冷たさは、忘れられない記憶です。

小学校に入るあたりから三年生ぐらいまでの私の記憶では、我が家は貧しくて夫婦喧嘩の絶えない、暗い家庭という印象です。「家庭って、温かく楽しく嬉しいものだ」という記憶は、ほとんどありませんでした。

なんとも切なく、そして哀しく感じ、俺なんて生まれてこなければよかった、俺一人でも減ればそのほうが少しは家計が助かったのではないか、父と母の喧嘩も減るのではないか、兄弟たちだって食べ物とかの分け前が増えて、嬉しいのではないか……、そんなことを、幼心に毎日のように考えていたように思います。

そして、いよいよ思い詰めて〝自殺〟することさえ考えたことがありましたが、「母さんが、亡きがらに抱きついて、ひどく嘆き悲しむのではないか……」——母に悲しみの涙を流させるわけにはいかない、この想いが自殺を踏みとどまらせてくれたように思います。

歌手の坂本九さんが唄って大ヒットしていた「上を向いて歩こう」、あの物悲しいメロディーが聞こえてきて「涙がこぼれないように　泣きながら歩く　ひとりぼっちの夜　悲しみは空の上に……」の歌詞が、幼い私の感情と重なります。生きることに挫けそうになる〝心と命〟をつないでくれた一曲となりました。

実父は大正四年生まれでしたが、前にも述べたように、この世代の男性はみな戦争で辛酸をなめています。実父は一度召集されたのち、再度の召集令によって、昭和二十年の終戦を迎えるまで、祖国のために二度までも兵隊にとられました。

戦死した戦友たちもたくさんいるし、傷痍兵となって帰還した戦友もいるなか、無事に祖国に戻ることができた幸せについて、機会あるごとによく語っていました。

仮に父が生きて帰ってこなければ、兄弟のなかでも戦後生まれの七人の子供は、この世に生を受けることはなかったわけです。

父と母との間に生を受けたご縁、そして養育してくださった深いご恩に、計り知れない宿命を感じます。

昭和三十五年頃だったかと記憶していますが、兵隊恩給の受給請求期限が迫ってきた時分でした。確か郵便局の担当の方が再三再四、家庭訪問にいらしてくださり、受給請求書に署名捺印するよう強く勧めてくれていました。「あなたは、他人より長い期間兵隊にとられて、それだけ苦労したのですから、兵役恩給を受給できる権利が十分にあります。堂々と請求するべきですよ」と好意の助言をしてくれます。それに対する父の答えは――。

「お前さん、ずいぶんとおかしなこと言うがねえ。戦争に日本が勝ったのなら、堂々と請求もし、恩給も威張ってもらいますよ。しかし負けてしまって、戦死した戦友もたくさんいるなか、恥ずかしながら生きて帰ってきて、いまさら恩給をくれって、物乞いのような、そんな恥ずかしいことを……お前さんもそう思わないか？　俺は印鑑を押さないよ」

このやり取りの場面は何度も見た光景でした。

晩酌のお酒がかなり入ってご機嫌に酔っ払っている父は、いつものように頑なに受給を拒み続けました。毎回、父の口から飛び出す、ありったけのやせ我慢の啖呵は、子供心ながらに日本男子の心意気とでも言いますか、私のなかのイメージにある〝大和魂〟を思わせるものがあり、とても強烈な記憶として、懐かしく思い出されます。

一方で、貧しい家計を綱渡り状態でやり繰りしている母の心情を察すると「父さんの考え方は立派だけど、意地張ってないで、家計の足しにもらってあげればいいのに、母さんのやり繰りが楽になるのだから。子供たちの学級費だって期日までにちゃんと払わせてください」――こんな生意気な気持ちを抱きながら、大人たちのやりとりを見つめていたものです。

最後まで頑なにやせ我慢を突っ張り通した父の生き様、哀しく切なくもあり、そして懐かしく想い出されます。

父たちの世代の方々は、戦地から敗戦国の帰還兵として祖国に戻り、どこかに負い目の気持ちをいだいていています。故郷に戻ってからの人生を歩む上で、ついつい塞ぎがちになる心と、どう折り合いをつけながらその後を生きたのか……。戦争や兵役の経験を持たない、平和を獲得するための苦労さえも知らない、ある意味では恥ずかしいほどおめでたい世代の私たちです。誠にありがたくも運良く、この美しい日本国に生まれた私たちは、ただ想像することしかできません。忘れてはならないことが、あるように思います。

毎年お盆の時期に靖国神社で行われる行事に御霊祭りがあります。境内いっぱいに燈される奉納・献灯の提灯、その一つ一つに、もっともっと生きたかった若き英霊をはじめ、残された家族・遺族の方々のさまざまな無念が偲ばれます。

浴衣装いの老若男女が嬉しそうに、平和な舞い踊りを笑顔で楽しむ様子を眺めていると、自然に感動と感謝の涙が滲んできます。

父・母・師匠を含む幾多の先達・先人の方々の屍の上にいまの平和が築かれ、ここに生きている自分たちがいることを痛切に思わされます。深く頭を垂れ、衷心より哀悼の祈りを捧げずにはいられません。英霊たちの御霊を祀る〝靖国〟だからでしょうか。

人としてのあり方を母の背中が教えてくれた

私は高校卒業後に、実家の両親の精米・製綿業を三年近く手伝ったあと、単身東京へ出て、調理師への道を目指し、己自身の責任で人生を歩むことになりました。

社会に出るにあたって人として身につけておくべきもっとも大切な〝返事と挨拶〟、私はこれを母から、幼少期より一貫して厳しく躾けてもらいましたし、実践する母がその後ろ姿で、尊く導いてくれたように思います。〝打てば響く元気な返事〟、そして〝明るい笑顔の挨拶〟、これは他人とのコミュニケーションにおいて、すべての基本と言っていいでしょう。

打てば響く元気な返事、笑顔の明るい挨拶がきちんとできるかできないかは、職場での評価の第一歩でした。調理師専門学校を卒業し最初に勤めたのは、浅草の老舗料理店でした。当然、調理場では新入りの一番の下っ端見習いでしたが、私はお店の社長さんにずいぶん目をかけていただきました。その可愛がってもらうきっかけとなったのが、返事と挨拶だったのです。

師匠の紹介で住み込みの勤め先が決まったとき、私は、「朝は誰よりも早く厨房に入り、夜は誰よりもあとから厨房を出る、つまり誰よりも長く働く」ということを、自分に約束しました。

その誓いの通り、皆が寮から厨房に下りてくる一時間前の、朝七時半には厨房に入るという実践をしていました。ところが、週に三日間ぐらい、私よりも早く厨房に誰かが入っている気配がありました。毎晩最後に厨房を出ていた私には、誰かが厨房に入った形跡が敏感に感じられたからです。

ある日それはなんと、お店のご主人、つまり社長さんだということが判明したのです。

築地の市場へ、調理部からの食材発注（魚介・野菜・珍味など）と、買い出し用の注文表を取りに、鍵を開け厨房に立ち寄っていたのでした。朝の五時半頃といえば、冬ならまだまだ暗いうちです。そんな時間に社長自らが買い出しに出かけていたわけです。

店の前からタクシーを拾って築地市場へ向かい、信頼取引の店舗を中心に市場内のいろいろな店舗を回り、買い物をする。首尾よく仕入れを済ませ、市場の食堂で朝食をとり、浅草の店に戻るのは、ほぼ七時半前後という、社長の動向がわかりました。

勤めはじめて、三ヵ月が経過した頃のある朝、お店の前で社長さんを待ち受け「お願いがございます。築地市場へ連れて行っていただけないでしょうか」と直訴に打って出ました。すると、社長は驚きいささか困惑した様子で「早起きで疲れるぞ、大丈夫か、身体壊すほどの無理はするな」と、はやる若造を思い留まらせるかのように諭してくれましたが「ぜひ一緒に連れていってください」と、再び深く頭を下げました。

そんな私を見つめながら「それなら自分が無理なく、行けるときだけでいいぞ」と念押しの上で、承諾してくれました。

築地への買い出しに同行するのは、料理長または料理長代理的先輩方の役目です。入職しての一番下っ端が直訴に出たわけですから、古い体質の厨房に新しい風が吹きはじめた、ちょっとした事件となりました。

憧れの築地市場へ買い出し、もう嬉しくてたまりません。しかも社長さんのお供です、週に三回平均の買い出し実践の学びがついにはじまりました。毎回毎度、気づきと新発見の連続で感激ものでした。

あるとき、築地から帰るタクシーの中で社長さんが、「上神田、君は誰の影響で、そんなに挨拶・礼儀がいいのかな」と真剣な顔で私に尋ねるのです。

田舎者ならではの気後れというか、劣等感を持っていましたし、自分はまともな挨拶とか礼儀とかの素養が培われていない、という気持ちがありましたから、言われて大変驚きました。

そんなことを言ってもらえるほど挨拶も礼儀も身についてはいないと思っていましたが、はてそうだとしたら、誰の影響なのかなあと思い返してみて、思い当たったのがおふくろの生きる姿勢でした。

私の幼少期、昭和の三十五〜三十八年ごろの郷里の時代風景です。

村の中学校を卒業した者のうち、高校に進学する者はわずかに一割程度、近くの街にある高校へ進学した生徒でも、バスで片道二時間も要しての通学です。最終バスで村に帰ってくるのは夕方の七時ごろ、夏はまだしも冬など、もう真っ暗で寒くてさびしい時刻です。

バスから降りて、わずかな街灯の明かりの道路を歩いて自宅に向かう高校生の姿を見つけると、私の母は「いやいや、こんな遅くまで、勉強なさって、ご苦労さんです」と、必ず先手の声掛けをし、頭を深く下げていました。すると生徒たちは、たいそう恐縮しながら、はにかんで恥ずかしそうな様子で、帽子をとってペコッと頭を下げて挨拶を返していました。

まだ小学校の低学年だった私は、その光景を眺めながら、母さんはなぜあれほど丁寧に、他所の家の人に深く頭を下げ、自分から声をかけて挨拶をするのだろう、不思議だなぁと思っていたものでした。

「梅雄、他人さまに会ったら、あるいは見かけたら、先に挨拶をするんだが。いくら深くお辞儀したからといって、頭は減らない」、そして「ああして、帽子をとって挨拶を返してもらうと嬉しくて心が温かくなるものだ。おらのように貧乏で何も力になれない者でも、どうか頑張ってたくさん学んで、立派な大人になって幸せな人生を歩んでください。そう祈る気持ちになるものだ」と、口酸っぱく言って教えてくれていました。

「偉そうにするものじゃないよ。偉そうにする人は、偉くないことを自ら告白しているようなもので、本当に偉い人は、なにも偉そうにする必要がないだろ」

理不尽な行為や言動に対して、怒りの感情で頭に血が上り、私がカッカしていると、「お前の頭は安物だなあ。〝短気は損気〟落ち着いて冷静にゆっくり考えてみろ」と諭されました。

私の母は尋常小学校（四年制）しか出ていませんでしたが、母の口から発せられる、躾のための教え・諭し・戒めに満ちた言霊は、どれもこれも私たち子供のその後の人生行路を照らしてくれる〝灯台の灯り〟となりました。

母が必死で生活し暮らすなかから学んだ活学であり、実践の哲学だったと思います。人生の苦難を耐え生き抜く叡智に富み、人として謙虚たれ、素直たれ、誠実たれ、目上の人を敬い、礼節をわきまえる、といった、人としてのあり方の〝口伝〟であふれていたように感じます。

母は縁あって、農家の長男だった父に嫁ぎ、戦前に子供も長男・長女・次女と三人を授かりました。その後は、夫を兵隊にとられて、農業と育児、留守家族を一人で支え、祖父と祖母の最期も看取りました。

兵隊から生きて戻った父との間に、次々と子供を授かりましたが、父が次第に酒に溺れ暴力をふるうようになってからは、殴られた顔に青アザを作っていることもたびたび。子供たちに見られまいとするように、顔を隠して朝ごはんを用意してくれる姿もよく目撃したものでした。子供たちを育てあげるために、辛くても苦しくても、どんなにやるせない思いになっても、ついに最後まで投げ出すことなく耐え抜いてくれた母です。

子供の養育、暮らしの貧しさ、酒乱の父の扱い、そんな苦しい生活のなかでも、家長である父をしっかり立て、最期まで見事に看取ってくれました。

家庭を崩壊させないように耐え抜いた、己の人生のすべてを家族のために捧げ尽くしてくれた生涯だったように思います。

まるで天からの使命を授かり、私たちの母親としてこの世に下りて来てくれた観音様でした。任務を果たして天に帰って行ったのだと思います。

母の生き様を思い返すとき、しみじみと親の慈愛と恩に深謝し、合掌し頭を垂れることしかできません。

調理師としての人生を歩むなかで、母から授けられた数々の〝言葉の杖〟が、どれほど自分自身の血となり肉となってくれていたことか、修業の辛さ厳しさに気持ちが折れそう挫けそうになる、弱い自分の心の支えにどれだけなってくれたことか計り知れません。

私の生き方そのものが、母への報恩であり、母の歩んだ人生を意義深いものにできるかどうかが問われているようです。

自分なりに、一所懸命に頑張って生きる、その源は「母さんの笑顔が見たくて」であり、「母さんに褒められたくて」に極まります。

あやかりたいと思うほどに憧れた、師匠とのめぐり合わせ

私にとってのもう一人の〝おやじ〟（職親）である西宮利晃先生は、新宿調理師専門学校の夜間部・特待生として、昼は学校の中で補手として働きながら、夜は学生として学んでいた私が、「この人のような料理人人生を歩みたい……」と強い憧れを抱き、あやかりたいとまで思える人として、私の前に現れたのでした。

そのとき、西宮先生は大正五年生まれの五十七歳、大正四年生まれの私の実父よりは一歳年下です。

西宮先生の日本料理の授業を受講するなかで、次第に憧れの気持ちが強くなっていき「こんな大人になりたい、生涯お傍で学びたい」と思うほどの気持ちになっていき、そして学校卒業と同時に弟子入りして、本格的な修業がはじまったのです。

実父の人生の歩み方と、西宮先生の人生の歩み方の二通り、自分の歩むべき道を模索するなかで、私の心のなかではいつも比較し、対比するようにして見ていたように思います。

入学して半年ほどたった頃でした。夜間部の授業終了後、教室の掃除点検チェックを担任の先生にお願いしに職員室に行き「夜間部十七回生、掃除終わりました。点検お願いします」と声がけしたところ、西宮先生がそこにおられ、担任の先生と談笑しておりました。そして私に「君はこれから寮に帰るのか？」と声をかけてくれたのです。「はい」と答えると、「門限は何時だ？」「十一時です」「じゃあ少し時間があるじゃないか。終わるのを待っているから私と少し喫茶店をつき合わんかな？」。

まったく思いもよらないお言葉、憧れの気持ちが膨らんでいた折に、先生から直接誘っていただいたのですから、もう驚きと同時に飛び上がって喜びたいほどの嬉しい気持ちが湧き上がってきたものでした。

それ以降、夜間部の外来講師として西宮先生が週に一度お見えになって、実習授業をしてくださる時には、必ず喫茶店に誘ってくださいました。十時半までの約一時間にわたって、私のためにだけの超スペシャル講義を、卒業までに少なくても三十回以上も受講できたことになります。本格的な修業に入る前の私にとっては、どれだけ〝心構え〟を育み、〝覚悟〟を促すことになったことか、誠にありがたくかけがえのない貴重な時間となりました。

西宮先生の人生談義、また調理師人生の経験をたっぷり伺えた幸せにより、敬いと憧れを持って〝生涯の師〟と仰いで追いかけるという、揺るぎない気持ちを抱かせていただけました。

これほどに恵まれて、〝生涯の師匠〟と出会えた調理師は、古今東西探してもそうそういない。この幸せに応えるため、天に仕えるがごとく真摯な精進をしていこうと誓って、料理人人生の出発時点に立ちました。

〝不撤退人生〟を歩みはじめると決意をして上京した遠因には、実父の存在がありました。父に対する反発心と嫌悪感、そして確執が原因となって、「二度と故郷には戻れない……」という悲壮な決意を携え、昭和四十八年九月、初秋の頃に岩手・普代村から八戸まで出て、そこから夜行列車に乗り、十時間以上も揺られゆられて残暑の残る、東京・上野駅に着きました。新宿調理師学校・夜間部へ入学のための上京です。

はたしてやっていけるかという不安感と、何が何でも一人前の料理人になるという悲壮な気持ちの両方が交錯した状態でした。

上京後、何年間もほとんど父の顔すら脳裏に浮かんできたことがなかったように思います。また、父への大きな負い目のせいで、あえて想い出さないように、記憶の扉に鍵をかけていたようにも感じます。

父は六十五歳のときに、口腔がんを患って、手術・加療のために、兄の世話で盛岡の病院に入院することになりました。積年の深酒の影響が少なからずあったと思います。

次兄夫婦と母の献身的な介護と諸治療の甲斐もなく、昭和五十八年一月十七日、享年六十八年の生涯を終えました。

まことに罰当たりな話ですが、母に促され、たった一度お見舞いに行きました。二十九歳になった私は、修業九年目を迎えていましたが、まだ独り立ちの目途も立たない境遇に気持ちの焦りもあり、他人を思いやる心の余裕もなく、自分自身のことで精一杯の精神状態でした。お見舞いから一年後、母からの電話で父の訃報を知ることになりました、三年間の入院のあとに黄泉の国へと旅立ちました。

恨む気持ちに毒された、人の心の凝りを解すには、時の経過はありがたいものです。あれほどに父への嫌悪があった私が、父の訃報に接した際に、即座に葬儀に向かうべく行動を起こしたのです。わずかに成長した自分へのいとおしさ、時間の経過のありがたさをしみじみ思いながら八年間の時を経て、ごく自然に帰郷支度をしていました。

帰郷の折のバスの車窓から眺める郷里の山・海の景色は、厳冬の寒々しい景色のはずでしたが、何故か温かさを感じながら見つめている自分がいました。あまりの懐かしさからだったのでしょうか、二度と郷里に帰れないと誓っていたからでしょうか。

若き日の青臭い理想論をかざしては、父と衝突し、日を追うごとに確執が深まり、ついに反抗心が爆発したあの消しがたい、苦き記憶へのたじろぎと恥じらい……。私にとってずっと背負い続けなければいけない〝負の十字架〟です。

子供たちのなかで、唯一私だけが父に暴力をふるった子供です、まさに不肖の愚息です。その修羅場に立ち会った両親が、入院加療中に交わした会話をあとになって知りました。

母「十人の子供の中で、まだ梅雄だけが嫁さんをもらっていないが、父さんもう少し頑張って生きないと……」

父「なに、あれは大丈夫だ。あれは心配ねえが、あれはちゃんとやっていくよ……」

棺に納まった父の顔を見ていた私に、母がこの話を聞かせてくれたとき、父の生き様を批判的にしか見ていなかった自分が恥ずかしくて情けなく、心から詫びたいという思いで涙にくれ、胸がかきむしられるように痛くなりました。

父だって人生の悲哀に悩み、苦しんできたことでしょう。二度も兵隊にとられながら十人の子供たちを育てるため、家庭を支えるために必死に、綿の埃まみれになって働いてくれていたことが思い出されました。父の悩みや苦しみ、戦争に関わる忘れられない嫌な記憶のことなど、私にはそれがまったく理解できていなかったのです。

父の亡くなった年齢に近づきつつある現在、私の記憶のなかの父は、酒に溺れただらしない姿ではなく、靖国神社に祀られているあの若き英霊たちと同じように、祖国のために戦った軍服姿の若くて凛々しい父です。

私にとってのもう一人のおやじ（職親）である西宮先生との出会いについては、すでに述べました。週に一度、先生が学校で授業を終えられたあと、私を喫茶店へ連れていってくださったこともお話しした通りです。先生はご自分の体験をはじめ、いろんな話をしてくださいましたが、「人として一人前にならなければ本物の調理師にはなれない」――そういうもっとも大切な心構えを優しい口調で語ってくれるのです。現在私は母校の校長として、同じことを繰り返し生徒に言っています。西宮先生に教え諭された〝口伝〟が、私自身の体験を通じて〝確信〟となったものを、後輩にあたる生徒たちに伝えているわけです。

喫茶店で西宮先生からじかに伝授していただいた事柄は誠に貴重であり、しかも有限な人生の時間を共有できた果報者の私は、西宮先生の料理人魂を引き継ぐ存在に成長しなければいけないと、徐々に強く深く自覚させられていきました。教室での受講の折には常に最前列の先生の対面に座り、一言も聞き漏らすまいと身を乗り出し真剣に授業を受ける私でしたから、目をかけてくれたのだと思います。

喫茶店では時間のたつのも忘れてしまうほど夢中でお話を伺っておりましたから、ついつい寮の門限ギリギリになって、走って汗だくで帰ることが常でした。

卒業時期を迎える頃には「先生は、この俺を弟子にしてくれるんだ」と実感でき、必ずやその期待に応える、いや期待以上の忠義の誠を尽くそうという、熱い想いと喜ぶ心が大きく育っていっているのを感じていたものです。実父には果たせなかった、親への孝養を尽くしきろうと考えていました。

本気になって生きはじめたお陰で、もう一人の〝おやじ〟(職親)にめぐり会えたのだと思います。天に心からの感謝の気持ちで、自然に頭を垂れるのみです。

誰にも〝出会いのチャンス〟が訪れる

「本気で取り組んでいたから、生涯の師にめぐり合えた」としみじみ思います。

この〝本気になる〟ということが肝心です。本気で仕事に向かえば、必ず誰かが見てくれているものです。たとえ誰も見ていないとしても「お天道様が見ている」という慧《さと》しがあります。

謙虚に素直な心根で取り組み続ける者の人生行路アンテナは磨かれ、光り輝いているものです。そんな姿勢で頑張る人には、必ず素敵な出会いが訪れます。尊き導きの人に恵まれます、そうして人生が大きく好転しはじめます。

己の未来を信じること、諦めないと誓うこと、心から願い求め続けることです。そうしたら、〝生涯の師〟と思える、尊敬してお仕えすることのできる方との出会いは、もうそこまで来ています。

調理師専門学校の就職率は、学校創立以来ずっと常に一〇〇%です。毎年、卒業生の全員がもれなく飲食サービス業界の、どこかの会社やお店に勤めはじめます。

しかし残念ながら、勤めはじめて、わずか一、二ヵ月で辞めてしまう者も必ずそれなりに現れます。辞めた本人に理由を尋ねると「自分が考えていたのと違っていた」と口にする者が本当に多いのです。ほとんどの場合は、「君の我慢と辛抱が足りなかったからだ」と厳しく断じたくなります。自分のひとりよがりの言い訳であり、本人の幼い心の露呈であり、わがままな己に負けたと言えます。

その就職先は誰かに言われていやいや、あるいは無理やり勤めたわけではありません。選び放題と言える、誠に多くの求人の中から、自分がよかれと思って、試験・面接に臨んで、そして入社したはずです。ご縁の企業さまをガッカリさせ、送り出した私たちもガッカリです。ましてや保護者のお気持ちを察すると切なくなります。

しかしもっとも損するのは実は本人自身です。もっとも近いご縁の皆さんの信頼と信用を、社会人への第一歩を踏みだす段階で失うことになります。それはありがたき自分のサポーターの期待を裏切る行為でもあるのですから……。

わずか一、二ヵ月で辞めてしまうということは、社会人となる心構えや職業人となる覚悟が心もとなく、入社内定に浮ついて職場に向かったことを自らが証明してみせたようなものです。

就職先を選ぶ基準には「給料が多くもらえる」「仕事が覚えられる」「休みが取れる」などな

ど、自分にとっては大変都合のいい志望動機がズラッと並びます。ところが、現実は大概当てが外れます、まず労働の量と質が想像していたよりはキツイものです。先輩や上司だって本人の考えていたものよりは厳しいはずです。社会の戦士なのですから当たり前です。

自分なりには我慢もし、頑張った結果、手にした手取りの金額も少なく感じます。もう意気消沈、思考は消極的になり、朝起きが辛くなり、笑顔もなくなっていき、まるでいじめられている被害者のような心境となり、暗い表情になり、返事も元気が失せていき、魔の三ヵ月病を発症しはじめます、同級生に愚痴りますが、その相手だって自分が精一杯の時期ですから、ゆとりなどなく、期待する慰めも励ましもないかもしれません。

立志と呼べるほどの〝志や夢〟もなく飛び込んだ者には、当然耐え切れません。

そうして目の前の苦痛から逃げたくなり、あっさり辞めてしまうことになります。弱い己を直視するほど心は強くありません、いつでも環境や他人のせいにして誤魔化そうとしてばかりしていますから、また幼稚な気持ちに負けます。

ですから、他の職場、お店を見つけて勤めたとしても、辛抱し継続することはかなり難しいと言わざるをえません、大変心配ですが同じことを繰り返すだけです。

そもそも調理師の就職は、料理人としての本格的な勉強（修業）に入る場所が見つかったただけのことですから、就職内定が決まったからと、必要以上に手放しで喜び浮ついているようでは心配です、いわゆるサラリーマンの就職内定とは少し中身が違います。

調理師学校を卒業して免許を取得したとしても、まだまだ満足な技術は何一つ持ち合わせていないというのが実情なのです。ですから、いの一番に心すべきなのは、一日でも早くしっかりした技術を身につけ、ご縁をいただいた職場でお役に立つ人間になること。欠かせないスタッフだと信頼される者になるため、そしてプロの料理人と称される調理技術者になるための努力と精進を己に誓うこと。これが志です。休みたいとか給料をたくさん欲しいとかいう資格はまだまだないはずなのです。

お客様に喜ばれて、お店を繁盛させ、高額の給料をいただく、やり甲斐を実感できる、料理人人生をデザインしてほしいのです。本気で自分に誓うこと、そして喜んで誰よりも働くことです。

自分勝手が通るような、自分に都合の良い職場は、どこにもないのです。ならば、ご縁をいただいた職場を自らの頑張りと努力で、「自分がやり甲斐を感じる、誇れるいい所にする」――そう考えて本気で働きはじめることです。本気の元になるのは、思いの熱さと強さです、言い換えるならば〝夢と立志〟です。

新入生の半数以上が、将来の夢として「自分の店を持つこと」と書き記します。熱い思いがなければ実現は難しいものです。私は生徒たちが夢を実現する、そのサポーターになりたいと思っています。

たとえば、訳あって母子家庭に育った子がいるとしましょう。お母さんが惣菜店で朝から晩まで一生懸命に働き、自分を育ててくれた。お母さんが懸命に働く姿をしっかり見て育ち、「将来は、お母さんと一緒に美味しい料理を出す店を持ちたい」と思い願う子なら、きっとその夢は実現するに違いありません。

女手一つで、苦労して育ててくれたお母さんに恩返ししたい、楽をさせてあげたい、そういう心根の優しい子は、きっと目の前の好き嫌いや選り好みをしない、働きを単に労働などと考えるはずがありません。働き方や仕事への向かい方が自ずと違ってくるでしょう。

本気で真剣に取り組む者は、自分の仕事を修業として捉え、ぶれずに精進できます。そういう人の心の現れである感性は、自ずとピカピカ光っているものです。その発せられた波動が、先輩や料理長に届き、目をかけられ、声をかけてもらえるものです。それらを敏感にキャッチし、感謝の思いで素直に聴き、謙虚に受け入れ、体験を確実に栄養にしていけば、すくすくと成長できるのです。

人生には〝上り坂・下り坂、はたまたまさかの坂〟があるわけですが、幸運・不運ということもあるように思います。私の今日までの調理師人生を振り返りますと、誠に幸運続きであったように感じます。

まだ心が真っ白いキャンバスのとき、〝天の配剤〟とも思えるほどにありがたい出会い〝生涯の師〟と敬える先生とのご縁に恵まれました。師匠亡きあとも、つながる方々との交流が広がり、数えきれないご恩に授かって歩んでいる自分がいます。亡き師匠は〝赤の他人〟の私に、料理人人生の歩み方をたっぷりと時間かけて、親切に丁寧に教え導いてくださったのですから、天下一の〝果報者〟だと深謝しております。

いまもって〝道正しく歩んでいるか〟と、常に天界より導き護ってくださっているのだと想うと、なんともありがたく心強く感じます。

なかには、感謝し尊ぶべき自分の就いた職業を、縁あって暮らしを立てている稼業なはずなのに、「どうせ俺なんて、たかが調理師だから」と自虐的に卑下し、分の悪い職業だと位置づけ、なかば投げやりな取り組みになる人もいます。また、倫理・道徳はもってのほかと、〝水商売〟と揶揄された過去の古い時代感覚をずっと引きずっているような向かい方になっていると思える人もたくさんいます。

深夜までの飲酒によって、まだアルコールの抜け切れぬ酒くさい息で、無精ひげの不潔な顔で厨房に入ってくる無神経な調理人がいます。

また清潔・衛生の象徴たる白衣を着たままでタバコを吸い、タバコの臭いをたっぷり純白の白衣に纏《まと》わせて、それでいて平気な顔で恥ずかしげもなく自称一流（？）と嘯《うそぶ》くおめでたい調理人も結構います。

そういう人たちの下で、そういう雰囲気の厨房で働いていると、自然にそういった悪しき臭いに染まっていくように思います、誠に嘆かわしく哀しく、残念に思います。

人間は妬む生きものであるという、覚悟を持つこと

集団生活では必ず、嫉妬からくるいじめがあります。なかでも小・中・高の学校でのいじめは、以前とは違う現れ方ではありますが、本質的に同源の根深い大きな問題です。

いじめの対象になるのは気の弱いおとなしい子、皆とちょっと違う個性的な行動をする子、あるいは障害を持つ子などが多いと思います。

共通しているのは、集団の中でどこか異質と感じさせてしまう子でしょう。優秀で生真面目な子の場合もあり、いつも先生に褒められている生徒に対し、そうではない周囲の子が妬むことから問題が起きるケースもあるのです。

そして、職場でも同じように〝いじめ〟はあるものです。

郷里をあとにして上京した私は、〝男子一生の仕事にしたい〟という並々ならぬ決意で入学した調理師専門学校の、特待生制度（学僕）という育成システムを利用させていただきました。

昼は学校で補手という立場で働き、夜は夜間生として学び、学校の寮に住みながら〝仕事と学業の両立〟に取り組んだのです。この特待生は、当時約十五名いました。

預ける側の保護者の事情には、養育に手を焼いた〝ドラ息子〟を、学園理事長先生にお願いして仕込んでもらおうという、虫のいい希望もあり、〝丸投げしたい〟という保護者の切なる想いに沿うという一面を持ち合わせた制度でもありました。

入学して一ヵ月月余りがたった頃でした。私より一年あるいは半年先に入学した、先輩にあたる特待生の男子全員（七名）から、呼び出しをくらいました。

呼び出し電話をもらい、門限時間のことがあるので、寮母の関さんご夫妻に事情を話しました。「上神田君、危ないから行かないほうがいいよ」と強く引き止めてくれましたが、こっちには売られた喧嘩から逃げ隠れする理由がありません、私は呼び出しに応じ、ひとり彼らの寮まで出かけました。

リーダー格の者がこう言ってきました。「お前、一人だけいいカッコするなよ。先公（学校の教職員）たちがやたら〝上神田君を見習いなさい〟って、やかましくて俺たちは気分が悪いよ」いわゆる〝イチャモンつけ〟です。

誰より朝も早く登校し、掃除やあと片づけも率先してやり、先生方から褒められ、良い意味でとても目をかけられていた私のことをやっかみ、妬んでのことです。

私から見れば、授業も実習補手としての役目もやる気のないように見える連中ばかりで、誰一人として本気で取り組んではいないように感じていました。

〝不撤退の覚悟〟で上京し、命賭けの血相で日々真摯に取り組む私の姿は、彼らにとって〝異質な存在〟であり、理解し難く、煙ったかったというわけです。

黙って聞いていた私は、「言うことはそれだけか？」と、怯む様子なしで相手に向かって一歩踏み出して対しました。

脅かしにビビるだろうと予想していたのに、違ったので相手は瞬間戸惑った様子ながら「そうだよ、わかったか」と語気を強めて言ってきました。

ここが肝心と思い、相手の目を見据えたまま言いました。

「君らは、これからずっと俺の面倒を見てくれるのか？」

「なんで、俺たちがお前の面倒を見なきゃならないんだよ？」

「面倒を見てくれるなら、なんでも言うことを聞くし、君の鼻水だって口で吸ってやってもいいぐらいに尽くすよ。でも面倒を見てくれる気がないなら、口出しするなよ」

こちらの気迫というか、レベルの違う本気の覚悟が伝わったのでしょう。

彼らは黙ってしまいましたので、門限に間に合う時間で引き揚げていきました。寮の前で関さんご夫妻が待っていて、まるで両親のように安堵の笑顔で迎えてくれました。

それからは一切、在学中に彼らから私に対する脅しのような、いじめはなくなりました。学校や職場で、「上に、ちょっと気に入られているからと、いい気になっているんじゃないよ」と、妬みの感情から脅かされたり、意地悪されたり、いじめにあったりということに遭遇している人がいるかもしれませんが、大切なことは自分の信念に基づき、毅然として対処することだと思います。

師匠の歩んできた道を同じようになぞる

師匠・西宮利晃先生に初めてお会いしたとき、私は二一歳、先生は五七歳になられていました。和の料理人の道一筋に歩まれて、当時の八幡製鉄（現・新日鉄）の会社の持ち物で、重役の方々が社用の接待時に利用する、接待に特化した御用施設で総料理長として勤務、満五五歳の定年まで通算十四年間勤められたあと、二年前から新宿調理師専門学校の外来講師をなさっていました。

日本料理の調理師業界で、もっとも輝かしい伝統を有する組織である（公益）日本料理研究会というところの技術師範を担い、しかも中心的存在でした。ハワイやドイツで行われた日本料理の伝承と普及のための海外事業にも参画され、国内でも北は北海道から南は沖縄まで、全国各地に出向き、精力的に料理講習会の講師をされるなど、日本料理技術の伝道・継承に尽力されておりました。

調理師の技能向上と親睦を図ると同時に、割烹や料亭などのお店、温泉リゾート地などのホテル・旅館へ技術者を人材派遣する調理師紹介所というものがあります。その中に大正初期に発足した長い歴史を有する〝松和会〟と称する調理師会があります。

西宮先生は所属会員から推挙されて五代目の会長職を、お亡くなりになるまでの一六年間にわたって務められました。最盛期には、六五〇名もの会員を擁し、関東の雄と讃えられていました。

先生はいわゆる名人と謳われた料理人でしたので、私も末席ながら、直系の愛弟子であるという誇りを持って、技術の研鑽と人格の陶冶に励めたように感じます。

〝生涯の師匠〟という存在があったればこそ勇気をいただき、厳しい修業に臆せず精進できたと思います。

先生に出会って最初に感じ思ったことは、「この先生のあとを追いかけよう、少しでも近づくために先生が歩んできた道程を、何一つ欠くことなくなぞるように経験し学んで行こう。そして一日も早く役に立つようになろう。秘蔵っ子の〝若い衆〟になろう。ゆくゆくは〝切り札〟と信頼される存在になろう」ということでした。

出会いに感激し、ご縁に感動し、恩に感謝して、先生の人生に〝あやかる〟料理人人生を歩もうと、見習い小僧の時分から、大それた立志と大きな夢を抱いたのですから、いま思い返しても、よくもまぁと赤面してしまいます。

料理人に限らず職人と呼ばれる技術職の業界では、たとえ実の子息であろうとも、師匠が修得した技術のレベルをそのままに、バトンを渡せるわけではありません。

父親が取り組んだプロセスとまったく同じように、ゼロから修業し、得心しながら身につけていかなければならないのです。これは職人の世界の掟と言ってもいいと思います。

その努力の結果、いつか師匠に並ぶ、さらにはできることならほんのわずかでも師匠を超える、そうなれてこそ〝恩返し〟になると思います。

次は自分の教え子（弟子）がまたゼロから出発し、自分を超える。職人の世界の伝統技術と、精神文化の継承、襷渡《たすき》しとは、そういうものではないかと思いますし、だからこそ尊く素晴らしいと感じます。

弟子入りしてまもなくの頃、先生によくこう言われました。

「芸は身を助けるっていう教えがあるけどな、できるだけいろいろなことを若いうちに習っておけよ」

その教えに従い、私が最初に調理師の余技として習いはじめたのが氷彫刻でした。

西宮先生ご自身も若い頃に氷彫刻を習い、出会えた当時はすでに、日本氷彫刻会・副会長を務めておられましたので、師匠なぞりの第一歩という想いもありました。

最初に勤めた店（修業先）で、初めていただいた月給は六万八千円だったと思います。同じ歳の大学卒サラリーマンの初任給は十万円ほどの時代でしたから、比較したら高いとは言えないと思いますが、学校で補手としてもらっていた手間賃一万円から、なんといきなり七倍の給料。あまりの大金に驚きでした。

お店の建物の中に住み込みの勤めは、部屋代も格安、しかも飯付き（昼と夜）ですから、仕事三昧の取り組みならば生活費はほとんどかかりません。

「未来の自分に投資」と考え、週一回のお店の定休日を利用して、日本で唯一の氷の彫刻教室に通いはじめました。その当時でも氷彫刻の受講料は安くはありません。二ヵ月間の初級コースでも、月の月謝は四万円ほどですから、見習い小僧の私の給料からすればかなりの高額でした。しかし師匠のあとをなぞりたい一心の私に迷いはありませんでした。

氷の彫刻というのは、ホテルのパーティー会場などでよく見かける、氷を彫刻した装飾技術の一つです。店の先輩たちは「まだ見習い洗い方のお前が、いまから氷彫刻習ってどうするの？」と、純粋な驚きと、自分の想像を超えたチャレンジをする後輩への妬みの心境から、よくからかわれたり、冷やかされたりしました。目標が明確にある私は、今できる最大の努力をするとと考えていましたから、まったく気になりませんでした。

休日を使っての習い事は〝氷彫刻〟にとどまりません。「野菜の剥《む》きもの」「生け花」「茶道」「書道」などへと広がっていきました。どれもほんのさわり程度の学びでしたが、あとになってこれらの稽古ごとのすべてが、自分の仕事の幅を広げ、思考の上でも大変有意義で役に立つことになったと感じています。たとえば書道。料理長になった暁には、師匠のように毛筆で献立表を書けるようになりたいという思いからでした。恥ずかしいほどに字がヘタだった私ですが、それなりに書けるようになりました。

身銭を切って習った氷彫刻で仕事の幅が広がった

現在も校長を務める母校において、私は自分の経験のなかから感じたことを、激励のメッセージ・応援のエールとして、毛筆で書いて校舎の随所に掲示しています。生徒のなかに「校長先生のあの書の言葉に励まされました」と、こちらのほうが励まされる思いにさせてくれる嬉しいエールが返ってくることさえあります。やはり〝書道〟を習っておいてよかったと思います。

身銭を切り、広くアンテナを広げれば出会える

さまざまな習い事は、当然ながらどれも受講料がかかります、そして時間の捻出も不可欠です。企業活動でも学校運営でも、投資をしないで繁栄をしたという例などないはずです。〝自己投資〟は将来の自分のためです。大きな夢への投資だと思えば安いものです。

また、技術職ですので、使う道具はとても重要な存在であり、かなり大切です。

料理人にとっての〝庖丁〟は、仕事を進めるうえで、とりわけ特別なものです。生涯の伴侶であり、魂の宿る無二の相棒となるのが庖丁です。道具の一つではありますが、ある意味〝道具を超えた〟存在になっていくものです。

私は自分の払える範囲で積極的に毎月のように、欲しい庖丁を次々に買い求めました。これもまた先輩たちから「お前、まだ洗い方のくせにさぁ、そんな高い本焼き庖丁持つのは、まだまだ早いだろう」と嘲笑されました。

しかし、私の心のなかにはこの庖丁で思う存分料理を作る自分の姿ができ上がっています。

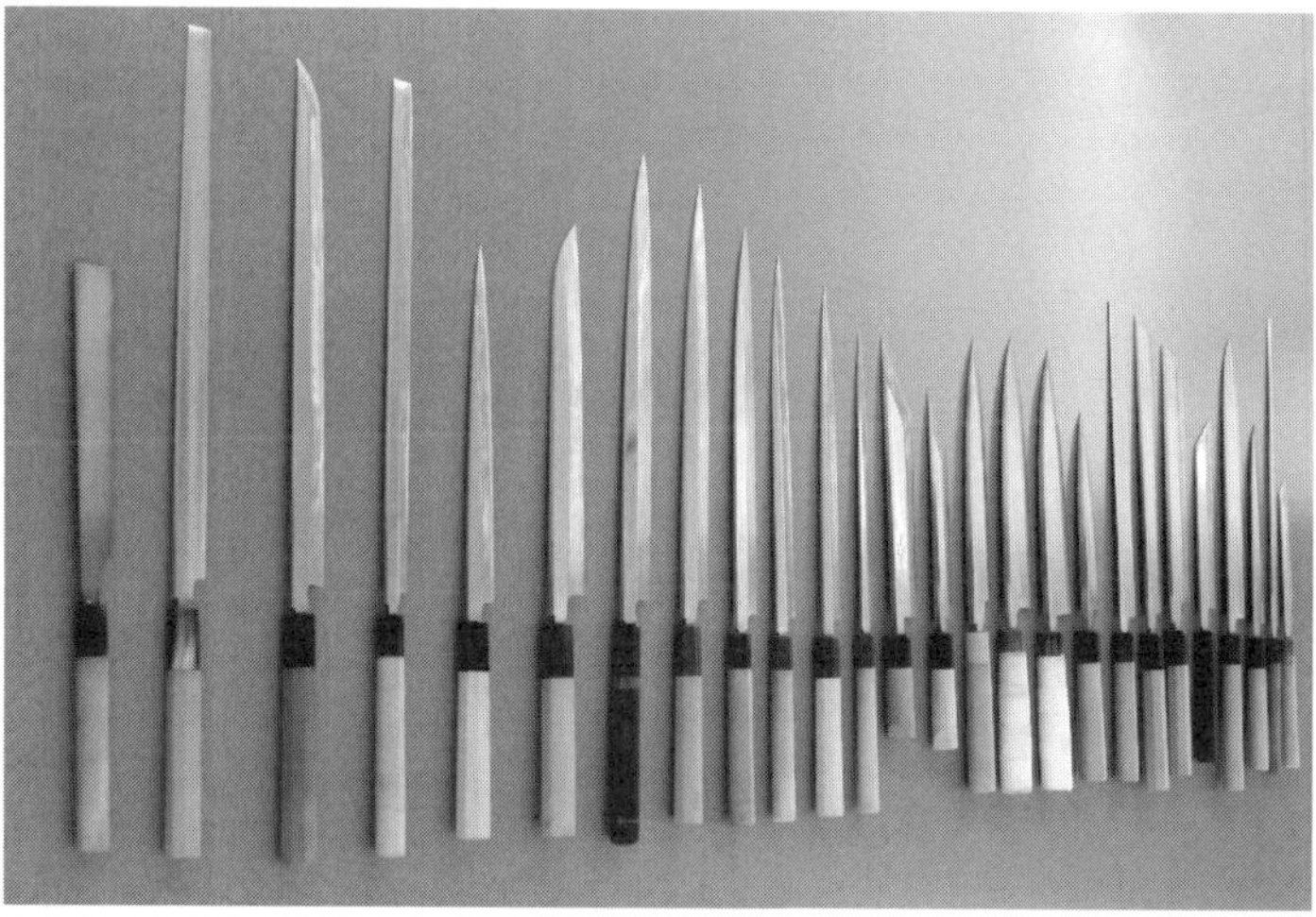
「庖丁人」を自称する著者の“板前履歴”を示す包丁たち

関八州一の料理人になるぞという〝青雲の志〟でしたからまったく気になりません。
四十年前の当時、一本で五万円は下らない純日本鋼・本焼き庖丁を惜しげもなく次々に購入していったのですから、既に結婚して所帯を構えていた〝お小遣い暮らし〟の先輩方には羨ましがられたと思いますが、私にとっての庖丁は自分を鼓舞するネタであり、熱い夢を買っていたのかもしれません。
浅草雷門裏に店を構える、プロ使用の庖丁専門店「かね惣」のご主人の人柄に魅せられたということも、大きな動機になっていました。それにしても、買い求めたばかりの、青白く光り輝く新しい庖丁刃を眺めていると、もうすでに料理長として腕を振るっている自分の姿が浮かんで見えるのですからたまりません、ワクワク・ドキドキ勇気が湧いてくるようでした。

職場によっては、厨房スタッフが共通で使えるように、店側が庖丁をそろえてくれている場合もありますが、私は魂の籠もった料理創りには〝マイ庖丁〟が必須不可欠だと感じます。自分の庖丁は自分で買う、つまり身銭を切ることです。だからこそ大切に使う心が育まれ、研ぐこと、磨くこと、手入れすることを疎かにしない。そうすると愛着を持って世話した庖丁が、こんどは自分の仕事を助けてくれます。もう手元から絶対に離せない愛おしい存在となり、ウソもゴマカシもまったく通用しません。恐ろしくもあり、怖くもありですが、もっとも頼れる、〝料理人魂〟の拠りどころになっていくのが〝庖丁〟というものです。

料理本も月刊の専門誌はもちろんのこと、保存版料理本も新刊が出ると躊躇なく購入しました し、神保町や御茶ノ水の古書店に毎週のように通っては、掘り出しものの料理本に限らず食に関する書籍を探しに歩き回ったものでした。

私が現在所持している庖丁とか料理本、さらには料理を盛る器などは、ほとんどが独身時代に購入したものです。住み込み修業の独身の時分には、お金も時間も自分の思い次第です、若いときにこそ、将来の自分に対しての投資としての、身銭を果敢に切りたいものです。

私の修業振りをからかう先輩たちは、お店の定休日の前日ともなると、連れ立って行きつけの〝スナック〟通い三昧という人もいました。働きのなかの息抜き、人生、ストレスの発散もたまには必要だとは感じますが、修業中の身であることを思い合わせると、果たして常連客となって、スナックや雀荘に通う先輩たちのお金と時間と体力の浪費を、とてももったいないことのように感じながら見ていました。

初めのうちは、厨房で最後まで庖丁研ぎしている私にも、誘いの声がかかりましたが、あまりに付き合いがよくないので、そのうちにお誘いがかからなくなり、その代わりに違う声がかけられるようになりました。「上神田、お金は使わないとカビが生えるぞ」という嫌味です。

私の休日はお稽古へ通う都合がありますから寝坊ができません。また、貴重な給料のなかから、あまり無駄遣いをしたくないという気持ちもありましたから、お誘いの三回に一回ほどしか付き合いませんでした。アドバイスをくれた先輩方がせっせと通ったあの〝スナック銀行への投資〟は、その後の人生にどんな利益を生んだのでしょうか。

〝休日の寝溜め〟も若い修業中には、気持ちのうえでは大変重要だと思います。

医学的には「食い溜めと寝溜めはできない」と言うかも知れませんが、私の体験からの実感では「寝溜めはできる」、そして「休日の寝溜めは欠かせない」と言いたいと思います。

忙しい繁盛店や料理へのこだわりが強い店の勤めのときには、一日に厨房で過ごす時間は十二～十四時間は普通ですし、新規開店のお店の場合などですと、開店に関わる一ヵ月間は毎日十六時間というような働き方になるケースも珍しくありません。したがって、休日の寝溜めは不可欠です。

若いときは、長時間眠り続けることができるもので、私は二十七歳のとき二十時間、連続で熟睡し続けたという体験があります。開店のお店での勤務でした。休日なしの一ヵ月が続き、しかも日々四時間程度の睡眠しかとれないというなか、ついに明日は一ヵ月振りの休日という状況でした。くたくたに疲れて、寮の部屋に帰宅し風呂に入って汗を流し、その後、深夜の午前一時に就寝しました、次に目覚めたのは、なんともう夜の二十一時でした。

こんな芸当が可能なのは若さ故です。

休日の過ごし方としては、習い事や寝溜めのほかにもいろいろあります。たとえば、料理講習会に参加する、料理展示会を観にいく、購入してある料理本を読む、話題のレストランへ食べにいく、魚介・青果市場の視察、デパート食器売り場めぐり、陶芸作家の個展、美術館めぐり、生け花展の見学、などなど厨房の外にも学びの機会は、もういくらでもあります。

松和会という調理師会の所属でしたので、その会のお得意様のお店や先輩のお店を手伝わせてもらうのも意義ある学びです。手間賃を当てにしない姿勢ならいくつもの厨房体験が可能です。先方の邪魔にならないよう、下拵えを手伝うだけで、普段の厨房では得られないものが得られますし、先輩方の食材の扱い方、庖丁のさばき方、盛りつけなどの技を、ちゃっかり盗むこともできます。

あちこちにある学びの種を、自分から拾う

森信三という、偉大な教育哲学者の先生の言葉に「天下第一等の師につきてこそ、人間も真に生き甲斐あり」というのがあります。私は修業の第一歩の段階で西宮先生という〝生涯の師〟と出会うことができ、誠に運がよかったと思える人生を歩ませていただいています。

四十四年前、ありがたくも個人レッスンを受けていた折の、先生の講話の肉声が記憶の中に蘇ります。

「上神田な、板前の世界も溺れないように泳ぐのは、なかなか生やさしいものではないぞ。足を引っぱられないように歩めよ。また、街の角々に貼り紙されないように、人の道に叶って生きていけよ」とか「職人の世界ではな、面と向かって一褒められたら、その裏で十倍貶されているものと心得て、決して奢ることなく、おだてに乗ることなく」、さらに「先輩たちをなめたらいかん。しかし過度に怖れたり、怯えたりする必要はない。また、後輩だからと侮ってはいけない、油断しているといつ追い越されるかもしれん、生涯切磋琢磨するライバルと思え」

調理師人生を歩む上での〝心構え〟と〝覚悟〟を示唆する教えがちりばめられていて、学び身につけていくべき、貴重で大切な種がいっぱい蒔かれていたのでした。生涯にわたって感謝

し切れないほどの財産を頂戴したと思っています。

では、そういう師匠との直接的な出会いがまだない場合、どうすればいいのでしょうか。まずは、出会いのための備えが必要です、己自身のアンテナを常にピカピカに磨いておくことが不可欠です。そしてそのアンテナを高く掲げ、強く求め続けることです。そうすれば、遅かれ早かれ、必ず出会いが訪れるように思います、誰にでもまるで〝天の配剤〟のように素敵なめぐり合わせが生じます。

他人様に教えを請う具体的な実践方法は、一門に入って直弟子となり仕えること、料理講習会に参加する、展示会を観て学ぶなどの機会を活かす、試食勉強会等に参加出席して食べて学ぶ、などのことが考えられます。

いずれにしても、出会いのご縁を得るには、時間と円（お金）がかかりますが、誰でも取り組める方法として〝読書〟があると思います。さほどのお金もかかりませんし、時間も自分の暮らしのなかから、工夫次第では必ず捻出できると思います。

私のささやかな読書歴を振り返ってみますと、調理師稼業ですから最初は当然のように、もっぱら料理に関連する本を読んでいました。幾多の食にまつわる先達の方々が、それぞれの専門分野から、いろいろの角度から、ご自身の努力と研鑽をもとに極められた素晴らしい著書を刊行し残してくれています。食の歴史、食物辞典、食の歳時記、食と栄養、食と医学、はたまた神饌《しんせん》についてなど、実に多岐にわたっています。

調理の実務、技術に関しても、行事料理、郷土料理、精進料理、老舗の料理、茶懐石の料理、会席料理、婚礼料理などきりがありませんし、食材、器などなど、もう枚挙の暇もありません。

それらを、浅く読み流すだけでも、自分の向かう職業の幅の広さと奥の深さを畏れとともに実感させられ、「凄い仕事なのだ」と唸らされた記憶があります。

そんな学びを進めるなかから、「これは男子の一生を賭けるに値する仕事である」と、誇らしい気持ちとともに、強く思わせていただくようになりました。

そんななかで個人的に私淑し、もっとも影響を受けたのは「阿部孤柳《あべこりゅう》」と名乗っておられた料理家の先生でした。阿部先生はたくさんの著書を遺してくださいました。先生の講演も何回も聴かせていただけました。先生が主宰されていた「凡味会」という料理試食の勉強会に参加して、ご縁をいただいてから、先生が逝去される直前までの三〇年間近くにもわたって、誠に幸せなことに親しく交流を賜りました。

『庖丁芸術』という著書には、私の師匠をはじめ昭和の時代を代表する料理達人・名人と謳われた先生たちが登場されていましたが、阿部孤柳先生の監修によるものでした。日本料理の哲学書ともいえるもので、料理の奥深さを感じて、おおいに感動したものです。

阿部先生は、常にプロ料理人の味方というスタンスで、数え切れない程の料理関連の著書を出版されました。なかでも代表作とされる『庖丁軌範《りょうりのしきたり》』(田辺書店)は、プロ料理人の道標となる本です。

たかが見習い小僧の自分が、辛く感じる修業を挫けることなく、頑張っていくためには、どうしても必要だった〝料理人魂〟を注入していただいたという感激をもった記憶があります。

いまでも阿部孤柳先生の料理著書を開くたびに、直接お会いでき、直接肉声で教えていただけたありがたいご恩を思います。

自分の専門以外にも目を向けて学ぶ料理ジャンル

本校に入学してくる生徒たちには、在学中は「和食・洋食・中華」と表現するすべての料理ジャンルについて、平均に学んでいただきます。調理師というくくりで働きそうなジャンルの仕事はすべて見せます。それらの勉強のなかから、「自分が興味を抱き、夢を持って、納得して頑張れそうな料理職種を見つけましょう。しっかり探しましょう」という考え方です。

将来的にはどの料理ジャンルに進もうとも、調理に関する基礎とテッペンはみな一緒で共通です。違いがあるように見えるのは、「ビジネスのうえで、料理提供表現の仕方が異なる」だけです。衛生上でも栄養に関わることでも、人や物を大切に慈しむ愛情やおもてなしの心などになんら違いはないのです。

このことは、現場での豊富な実践体験を積んだうえで、満を持したかたちで母校に戻った卒業生校長である私の揺るぎない信念であり、後輩にあたる生徒の将来を想えばこその、教導育成の方針です。

調理師専門学校での学びは、生涯を賭けて取り組む仕事における、最初の〝基礎創り〟であり、とても大切な時です。真っ白いキャンバスに、食への向かい方において、どんなデザインを描くのか、また、その人の調理師人生の歩み方にも通じますから、先生と呼ばれる私たちの責任は重いです。

古人の教えに、「農業のことは百姓に聞け」「漁業のことは漁師に聞け」とありますから、「調理師のことは私に聞け」という気概を持って、眼を離さず、心を離さずに、あたかも伴走するごとくに共に学んでいこうと思います。

この和・洋・中というジャンルを決めつけずに学ぶということが大切なのです。これが将来に生きてくるのです。たとえば、入学した時点ですでに、卒業後には「日本料理をやる」「イタリアンをやる」と決めている生徒もいます。それはそれでいいのですが、だからそれ以外の料理授業をないがしろにする、そんな狭い了見ではいけませんし、先輩である私に言わせるならむしろそれは〝愚か者〟です。

食は命であり、地球上に七〇億人以上と数えられる人間の生活の営み・暮らしの原点です。食べなければ人は誰しも生きていけません。ですから、〝人あるところに料理人あり〟です。できることなら叶うことなら、誰しもが美味しい料理を食べたいのです。

人に良いと書いて〝食〟、逆さに言うなら、良い人になるためには料理が大切であると教えてくれる漢字です。食への向かい方に、その人の〝全人格〟がまぎれもなく現れると断言できます。人としての優しさも、思いやりも、品性までも現れます。

ましてや、天地自然の恵みを押しいただいて、人間だけが食べる料理にすべく一庖を真摯に入れ、食べて健康　身体に優しく　美味しい料理を仕立てることを生業とする我々料理人は、他人様にも増して人格の陶冶は絶対的に不可欠な資質です。心根の醜い料理人の手から、心まで温かくしてくれるようなお料理が編み出される道理がありません。

調理師学校で、和・洋・中、それぞれの実習授業を担当してくれるのは、有名ホテルなどの現場で、しっかり実務経験を積んだ専任の先生方です。庖丁の持ち方から丁寧に教え導きますから、初めての方でもまったく心配はいりません。

その他にも、有名ホテルの総料理長さんや、レストランの著名なオーナー・シェフなど、外来講師と称される、とても偉い先生方の特別授業もたくさん用意されています。

言うまでもなく経験豊かな一流の料理人ばかりが、プロフェッショナルなオーラを纏ってきてくれますから、憧れるほどにとても魅力的です。したがって調理技術はもちろんですが、ほんの雑談に近いような体験談一つからも、気づくことや感じること、学ぶことがあります。素直な目で見て、謙虚な耳で聞いて、心に刻めば、卒業して自分が目指す道を歩むうえで、必ずかけがえのない宝物となります。

私自身も経験があります、四十四年前の生徒の時分受けた、帝国ホテル総料理長に就任したての村上信夫先生の西洋料理・特別授業。これはいまもって忘れられない記憶の財産になっています。

村上先生については今さら言うまでもありませんが、日本を代表する西洋料理業界の旗手として大活躍をされた超一流シェフです。昭和三十九年に開催された東京オリンピック選手村の総料理長を務め、その他にも国家的事業で輝かしい貢献をされたことでもよく知られています。

その村上先生が新宿調理師専門学校で特別授業をしてくださることになり、私はもう数日前からワクワクしていました。当日は、教室に百五十人ほどが押しかけ、立ち見席ありの超満員でした。補手だった私は授業のお手伝い役でしたので、先生の手荷物や庖丁ケースを持たせていただくなど、先生の近くで特別授業を見つめる幸運に恵まれました。

憧れの先生のときには、できるだけ近くにいたいものです。その先生の肌の温もりが感じられるような近い距離で、その人の一挙手一投足を見る、肉声を聞く。これが技を修得する学び方の理想であり、そのためには自分から前向きに求めていくことだと思います。

当時、村上先生は五十歳を過ぎたばかりの、まさに働き盛りで料理人として〝旬〟を迎えていた時代でした。そんな凄い先生でしたから、いかにも威厳に満ちた姿が想像されますが、目の前の先生は実に人なつっこい笑顔をたたえておられました。生徒たちの実習を見て回りながら、ソースの味を見て「美味しい、美味しい、これはグーだよ」と褒めるのです。また、皿に盛りつけられた料理を見ては「わあ、おいしそうだなぁ」と声をあげます。

私は「この先生はすごい！」と感じたものです。日本一のシェフである先生からすれば、生徒たちの作った料理は稚拙に見えて当然ですが、一所懸命さを褒めてくださったのです。本物の料理人はこうなんだと、憧れと感動を持って先生の所作を見つめていました。

チャンスの訪れを準備して待つ

村上信夫先生は調理実習授業を終えられて、教務室で寛いでいらっしゃるひと時、ご自分の体験談を私たちに語ってくださいました。私の中の記憶を辿ってみます。

先生は大正十年東京に生まれ、小学校を卒業してすぐに料理人の道を歩みはじめました。都内のお店をいくつか経たあと、十八歳のとき帝国ホテルの見習いとして採用され、翌年に正式に入社しました。戦中世代の村上先生も兵隊にとられ、中国で終戦を迎えたあと、シベリア抑留を経て帰国されました。

この世代の方たちは戦火の下をくぐり抜けるなか、数多くの戦友を失う経験をされています。生き残った自分は、死に物狂いで仕事に立ち向かおう、それが無念のうちに死んでいった戦友たちに報いることだ、そういう信念を持っておられたそうです。

さて終戦から二年後、帝国ホテルに復職した村上先生に転機が訪れたのは、三十歳を過ぎてまもなくでした。戦後日本は国際化に向けて新たな舵を切りましたが、来日する欧米の人たちをもてなすには西洋料理、ことに世界のフレンチと呼ばれるフランス料理が不可欠です。戦後数年は有名ホテルの西洋人のコックが担当していましたが、これからは日本人コックが取って代わるべき、そう考えたのが日本を代表する帝国ホテルの犬丸徹三社長でした。

そこで犬丸社長は主だった料理人たち六人を呼び、二年間本場の西洋料理をヨーロッパで、とりわけフランス料理を勉強してくる気のある者はいないかと尋ねたのです。六人のうち一番の若手が村上先生で、まだ三十一歳でした。他の人たちは年上の先輩方です、それぞれに家庭の事情をかかえ、皆さん辞退しました。そこで手を挙げたのが村上先生だったのです。当時、先生には生後一ヵ月のお子さんがおり、それを心配した犬丸社長が「奥さんに相談したほうがいいのでは」と尋ねると、村上先生は「仕事ですから、家内にはあとで報告します」と、きっぱり答えたそうです。

仕事に対する覚悟と潔さが伝わってきますが、それより村上先生がすごいのは、いずれフランスへいくチャンスが訪れるかもしれないと考え、勤務の合間を縫っては丸の内のフランス語教室へ通って勉強していたことです。チャンスに備え、いざというときに確実にキャッチする。この心構えが一流になれるかどうかの分かれ道であることを気づかせていただきました。

こうして村上先生はヨーロッパへ旅立ちましたが、十代の若者でもごく当たり前に出かける現在とは違います。つい少し前まで〝鬼畜米英粉砕〟をスローガンに戦争をしていたのが日本です、命の危険まで感じる時代背景だったと思います。幸いなことにベルギーは交戦相手ではなかったので、まず大使館のあるベルギーで一年働き、紹介状をもらってフランスへ渡るという形を踏んだそうです。

よく言われるようにフランス人は個人主義で、そのうえ長くアジアに植民地政策を敷いていましたから、東洋人蔑視の風潮が根強く残っていました。パリの名門ホテル・リッツに研修生として入った村上先生は、コックたちにわざと重いものを持たされたり、いろいろと意地悪い仕打ちをされたといいます。日本を代表してフランス料理の修業に来ているにもかかわらず、ろくに料理を覚えられない日々が続きましたが、意外なことから道が開けたのです。

ある日の休憩時間、コックたちが「お前は日本人だから柔道ができるだろう」と、柔道着を持ち出してきました。戦前の日本人男子は学校の授業で柔道を習っていましたから、先生も一応黒帯を持っていたそうです。ただ一七〇センチほどの自分が一九〇センチを超える大男たちに勝てる自信はありませんでしたが、気がつくと見事にぶん投げていました。投げられた大男は脱帽です。以来、「ムラカミは俺たちの仲間だ」と迎え入れてくれ、それまでは尋ねても教えてくれなかったソースの味つけなどを丁寧に教えてくれたといいます。

「芸は身を助ける」、どんなところにチャンスを活かすきっかけがあるかわかりません。

フランスから帰国した村上先生は、昭和三十九年東京五輪の選手村食堂の総料理長に任命されました。世界中から集まった選手たちをもてなす料理作り、日本の戦後復興を食を通して証明する重要な務めです。

北海道から九州までの一流ホテルから料理人が呼び集められました。どの人も、ホテルのナンバー2クラスです。つぎの料理長候補たちを前に、村上先生は渡仏し、命がけで学んだソース・レシピをはじめ、学んだ技術のすべてを惜しげもなく公開したと言います。当時料理人はみな、自分のレシピを秘密にするという閉塞的な業界だったと思いますから、先生のとった行動にはお話を聞いていた私たちも驚かされました。

今思えばそれは、アジア初のオリンピックという国家の威信をかけた事業を担う誇りがそうさせたのでしょう。さらに言えば、村上先生の人間としての器の大きさを物語るものかもしれません。レシピ通りに作れば村上シェフとそっくり同じ味の料理ができるかというと、そんなことはありません。似ているものはできますが、決して同じではないのです。そこに心がこっているかどうかで、食べる人たちに伝わるものが違ってきます。それがわかっておられた先生は、自信をもってレシピを公開されたのでしょう。

オリンピック選手村の総料理長の大役を果たした村上先生は、再びパリのホテル・リッツで仕事をし、帰国後、第十一代帝国ホテル総料理長に就任しました。これにはあるいきさつがあります。帝国ホテルで開かれた宴会で大きな食中毒事件が発生し、七十歳近い総料理長が責任をとって辞任しました。通常なら副総料理長格の人が後任になるはずですが、犬丸社長が指名したのが村上先生だったのです。先輩たち二十数人を一気に追い越しての大抜擢です。

この話をされたとき、村上先生はしきりに「自分は運が良かっただけ」とおっしゃいました。先生の謙虚さがうわべだけでないことは、追い抜かれた先輩たちが納得し、その後も村上先生に快く協力したという点にも表れています。

帝国ホテル総料理長という、名実ともに日本一のシェフに上り詰めた先生は、翌年ホテルの取締役に昇進しましたが、この折のエピソードがまた、実に村上先生らしいのです。犬丸社長に「取締役室に君のデスクも用意してあるので、明日からこっちに移りなさい」と言われた先生はこう答えたそうです。

「お言葉を返すようですが、私はこの厨房でみんなが働いているのが見える所にいてこそ、この帝国ホテルに私なりに微力ながら何か貢献できるかもしれません。取締役室にいたのでは陸に上がったカッパです。会議のときには馳せ参じますので、どうかわがままをお許しください」四十四年も前に肉声を耳にした言葉を思い出しながら書いていて、改めて蘇ってきた言葉があります。「一番美味しい料理は、見返りを求めないお母さんの愛情料理だよ」。ほんのわずかなご縁とはいえ、料理人人生のはじめのページに、目指すべき料理の理想を教えてくださったのです。

お母さんの作ってくれる〝おふくろの味〟が、温かい先生の心根を育んだ、その村上先生を仰ぎ敬って料理人の道を歩めている幸せに、心から合掌して感謝します。

二十五年前、本校の校舎新装の折の〝学校の紹介ビデオ〟の中にも、村上信夫先生には女優の早見優さんとのご対談でご登場賜りました、その紹介ビデオに、料理長になりたてで、初々しい顔をした私も、少し登場していたことにも、なにか運命・使命・天命を感じます。

それにしても、村上信夫先生という、朗らかで明るくて、そのうえ、己の命も惜しむことなく、国家のために喜んで進んで働いてくれた、畏敬の料理人がいたことを心から誉れに感じ、また誇りに思って次の時代を担う後進の育成に微力を尽くし切らねばならないと思います。

「庖丁を見せてくれるか？」と問われる仕事

「出会いは誰にも必ず訪れる。遅かれ早かれ必ず訪れる」と言いきれるのは「お天道様が見ている」と信じているからです。

人としてどこまでもひたむきで謙虚な生き方を貫き通しているということ。

人としての心根が絶対的に素直な性格であること。

尊敬して師事することのできる〝生涯の師匠（職親）〟と出会うための要素は、この二点に極まるように感じます。この二点に当てはまる人は、必ずや人の目に留まりますし、求めていた敬いの人物の目に留まり〝出会い〟となっていきます。

私の場合も、生涯の師匠である〝西宮利晃先生との出会い〟から、人生の運が大きく拓かれていくことになりました。怖いほどに〝運が良かった〟のです。

私は、手先が器用ではありません。たとえば庖丁技に関しても、修得するのには他人よりつねに遅れ気味、それなりに手間取ったという記憶しかありません。

学習成績だって、中学・高校とほとんど怠けまくっていましたから、とても話せたようなものではありませんでした。

いずれにしても相当に〝劣等感〟を抱えての修業でして、いまもって〝トラウマ〟のように、自らの資質と能力への劣等感があります。身の程をわきまえる気持ちとでもいいますか、ずっと〝ハニカミ〟があります。

学歴で弾かれるような職業との出会いでしたら、劣る人間のレッテルを貼られ、生涯にわたってバカにされ続け、ウダツは上がらずに、そして自らが誇れない人生を歩むことになったかもしれない、と思うことがあります。

〝手に職〟の調理師を選んだお陰で、私にでもできる〝コツコツ努力〟の歩みながら、諦めずに頑張って継続してきた結果、それなりに当てにされ、頼られ、喜ばれ、感謝され、生きていくことの意義が感じられて、ありがたく生涯修行をさせていただいています。

さて、食材が厨房に届かなければ、料理人はなにもできません。

よく、「海の幸・山の幸・里の幸」などと称しますが、私たちの命の源である〝幸〟（食材）は、いったいどこから、誰から届けられるのでしょうか？

我々調理師が扱う料理食材はすべて、天地の恵みであり〝お天道様からの贈りもの〟そのものです。恭しく、両手で頭上に持ち上げ、頭を垂れ、謹んで頂戴すべきものだと思います。「もったいない」という謙虚な気持ちで取り組めば自然に、食材を無駄にしたり、粗末に扱ったりするわけにはいきません。

厨房まで食材を届けてくれる、納入業社の配達の方にも、ねぎらいと感謝の「ご苦労様です。大雨の中、ありがとうございます」と、温かい言葉をかけたいものです。

日頃から自分のファンをつくるための学び、人間として社会人としての〝マナーとモラル〟が試される場面でもあります。謙虚さ、素直さ、感謝する心が、真の料理人には欠かせません。

食材納入時には、厨房の裏口から入る業社の配達さんでも、お店の表玄関から入ってくれば、まぎれもなく大切なお客様にもなります。そのお店の品格と厨房で働くスタッフの人間性などは、配達さんにはすっかり見透かされているものです。配達さんが表玄関からお客様として嬉しそうな笑顔で来てくれる、来たくなる、知人友人に誇ってくれるそんなお店であってほしいと祈りたいと思います。

食材を大切にできない人は、調理道具や他人を大切にできませんし、お客様に対して心からのおもてなしはできません。それは自分自身を大切にしていない、自分自身を粗末にしているからだと思います。

「♪庖丁一本　さらしに巻いて　旅に出るのは　板場の修業……」

私がまだ小学生の頃に、大ヒットした「月の法善寺横町」という歌謡曲の唄い出しの歌詞です。この言葉は誇張ではなく、庖丁が料理人の魂を宿した存在であることを表しています。お店を辞め、他の店に移るときも、自分の庖丁だけは必ず持っていきます。

料理人にとっては一心同体、肌身離さず、自分の修業・修行の日々の頑張り振りも、忍耐辛抱の苦しみのときも、つねに傍ですべてを見ていてくれる無二の戦友です。

明治・大正の時代には、板前（和食の料理人）さんが求職をする場合に、現代のように〝履歴書〟は必要なかったそうです。履歴書は自分に都合の悪い部分をごまかし、詐称できますが、職人の世界では履歴書はなくても、自分が愛用している道具を持参し、見てもらうだけで、採用か不採用が決められたわけです。

人材派遣を業とする紹介所に行って「どこか料理屋の仕事を紹介してください」とお願いします。すると、言われるのは「庖丁を見せてくれるか？」とひと言だけです。

庖丁にはその職人の仕事ぶり、仕事への向かい方が如実に表れていることが解っているからです。見る人が見れば、庖丁の手入れ一つで、技量や心構えが一目瞭然なのです。こうした〝道具検《あらた》め〟という粋な真剣勝負の試験が、職人の世界の伝統技術と精神文化の双方を支えてきたのだという思いがします。

技術・技能で身を立てる稼業の一つである〝料理人〟の仕事、そのプロフェッショナル精神の真髄を問い、思わせてくれるエピソードだと、深く感じ入ったものでした。

職人の心構えと覚悟のほどを諭してくれる、この〝道具検め〟「庖丁を見せてくれるか」とつねに問われている仕事だということを、後進の調理師に伝え継いでいきたいと思います。

コラム

料理の仕立て方〈二〉

◆水無月（六月）の風韻――青梅雨《あおつゆ》の恵み

繁る若葉の中を降る水無月の長雨「青梅雨」と呼ぶ季節です。

水稲をはじめとする田畑の作物が、順調に成長するには欠かすことのできない雨季、大自然の恵みを尊び、有り難さに感謝するこころ、五穀豊穣を祈願するこころで、静寂さの中に雨音の奏でるしらべを聴き、雨上がりの紫陽花の鮮やかな白や紫に絵画を感じる、そんな粋人には食の粋でお応えするしかありません。訪問の約束をしてお訪ねした家の門口に打ち水がしてあればおもわずその家の風格がしのばれ、温かい心で迎えられていることが感じられるでしょう。

掃除の行き届いた樹木や庭石や草花に、露の宿るほど打ち水がしてあると、庭の趣は一変してうるおいが深くなりしっとりとした中にすがすがしい清浄感を受けますし、一木一草に生気が満ちているさまに気づくとき、こころに落ち着きと憩いが得られます。生物の存在に無くてはならない「水」、料理作りでも空気と水が美味しさの源であること、水の大事さ大切さそして有り難さにこころから感謝したいと思います。

六月は、釣り人が心待ちしていた「鮎漁の解禁」、各地の清流自慢は、鮎の味自慢につながります。解禁当初は小ぶりの若鮎、川苔を食べて、日増しに成長して、その川ならではの香気と美しい姿の成魚となっていきます。河原で釣り立ての活きた鮎に串を打ち、水気を拭きとって塩を両面に振りかけ、手早く焼く、熱によってヒレがぐうっと立ち、ほどよい焦げ色が付いて、みごとな姿に焼き上がった鮎に、舌を刺すような刺激性の　酢との相性は、季節を代表する、味の歳時記と言えるでしょう。

蒸し暑い日が続き、ついつい食欲もなくなりがちな季節ですので、もてなしの食卓には爽やかな清涼感を演出してお迎えしたいものですし、お料理のほうも涼しげな盛り付けを心掛けます。そして、お客様から召し上がり終わった後に「胃袋が洗われるような後味のお料理でした、ごちそうさま……」とお褒めの言葉をいただけるように仕立てたいものです。

◆文月（七月）の風韻——すがし朝露

利休居士はもてなしの究極を端的に、「夏は如何にも涼しきよう……、冬は如何にも暖かきよう……」と教えられました。風光明媚で豊かな自然に恵まれ、四季折々の風情を盛り込んだ日本料理は、豊かな心を育み、明日への活力を促してくれるこころと身体に大変よい料理だと言うことができます。満腹と栄養そして味だけに留まることなく、香りとか音とか熱とか身体の五感に心地よく響き、実に誇るべき素敵な料理です。

お料理を食する空間と雰囲気はもちろん、お料理をお出しするタイミングまでも心を配り、「夏は如何にも涼しきよう……」のおもてなしの極意で、清楚で涼しげな料理をお作りし、日本ならではの食文化をお客様とともに分かちあいたいと思います。

「笹の葉、さらさら……」、七月七日は七夕、笹竹に願いごとを書いた短冊などを吊して飾る星祭りです。笹が、そよぐ風に揺れながら奏でる、さらさら……の音に感じる清涼感もこの頃までです。いよいよ暑気に入り七月二十三日の大暑、梅雨明けの頃、炎暑の絶頂に達し、一年で最も暑い時期です。夏の土用の丑の日もこの頃です。

味噌汁や清し汁がだんだん熱くなって、いままさに煮え上がろうとする、その瞬間を「煮えばな」と呼びます。この煮えばなが味の頂点ですので、この時を見逃さずにお椀に盛るところに日本料理の醍醐味があります。そのお汁が静かにお客様の前に運ばれ、お客様が直ぐに手にとって召し上がる……、その時間が丁度良いぐあいに美味しく感じる温度にしてくれるのです。漆器は手に受けた抱き心地がやわらかで、むっくりとした温かみのある口触りはなめらかで、愛しい人との口づけのように、味噌汁や清し汁の味を倍加させてくれ、先達の方々によって培われてきた食文化に魅了される所以です。

◆葉月（八月）の風韻――緑陰のやすらぎ

八月八日は「立秋」、現実には真夏の厳しい暑さが続きますが、暑中見舞いも、この日を境に、残暑見舞いに変わります。旧盆、盂蘭盆会（八月十三日から十六日）を過ぎますと、さすがに朝晩のすずしい風が、夏が終わることを感じさせてくれます。

日本料理は、四季折々に出回るいろいろの違った滋味を賞味するのが目的で、他国の料理にありがちな調味によって変化を求めようとする料理ではありません。料理とは決して華麗な濃い味ではなく、反対に余裕のある淡くて奥深い美味のことです。したがって騒がしい場所ではなく、なるべく静かな落ち着いた雰囲気の中でこそ、滋味を楽しんでいただくのにふさわしいと思います。

涼しさを感じるような楽しい食卓を演出して、衰えがちな食欲をかきたてたいものです。淡い味わいの中にも滋養を考え、「鮑の水貝」を献立のメインに考えましたので、主役にふさわしい演出にしようと氷彫の器に盛りました。料理はあくまでも食べ物ですので、味が第一義で、見た目は第二義的なものですが、「料理にお世辞を添える」と言う表現があります。庖丁の剥きものもそのひとつと言えると思います。

お酒を呑みながらのほうが、数段美味しくいただける会席料理は、酒撰料理とも、趣向料理とも言いますので、茶懐石の料理に比すれば、くだけた楽しみ方があって良いように思いますし、さらに言えば色気を感じていただける料理でなければ酒席が盛り上がりません。書に喩えれば、茶懐石が楷書なら趣向料理は行書あるいは草書と言えるでしょう。
いずれにしても裏づけとして基本技術が確かでなければ、この頃流行の「創作料理店」によくありがちな小手先だけの「いじり料理」に終始してしまい、センスとか品位が感じられるような料理にはならないと思います。

第3章

人は仕事によって育てられる

誰にも負けない働き人となる

この第3章では、調理師として第一歩を踏みだす現場の厨房入りにあたって、どのように心の構えを持って実践に向かい、そして成長していけばいいのか、私自身の経験を軸にお話ししていきたいと思います。

前章でも少し触れたように、新宿調理師専門学校を卒業した私は、昭和五十年、浅草の老舗割烹店で働きはじめました。いわゆる修業のはじまりです。

私の場合は、就職したのではなく、西宮利晃師匠に〝弟子入り〟をしたのです。先生はもう既に現場の料理長は引退されていましたから、飲食業界の複数の企業様に乞われて調理顧問という立場で企業貢献をされ、料理人の業界の中では人材育成という貢献をされていました。

生徒の頃に直弟子入りを願い出ていた私のことを、先生の高門弟のもとに紹介・配属してくれたのでした。紹介された店の料理長さんは、直弟子にあたる方で、私よりも十一歳年上のまだ三四歳と若く、料理人としては〝走り〟の時季といえる方で、師匠がもっとも可愛がって、期待し信頼を寄せている方だったという印象があります。

さて、調理師修業の先に目指す道は、究極的には二つだと言っていいと思います。一つは、一流の料理人と称されるようなスペシャルな技術者となって、企業の料理長あるいは総料理長として招聘され大勢の調理スタッフのトップとして腕を振るい、采配を振るって活躍する道です。もう一つは、ある程度、技術修得に自信を得たら、勇気を出して独立して自分の店を持つ、そして繁盛させて儲ける道です。

生徒のときに、西宮先生から教えてもらっていたことが忘れられません。「仮に給料五万円ということで、俺が仕事先を紹介したら、君は倍の十万円分の仕事をすることを心がけて働くんだよ」という言葉でした。

「もらう給料の倍の仕事をしておけよ」という西宮先生からのありがたいこの教えは、大概の人が理解しがたい言葉のように思うかもしれませんが、先生は続けて「いつでも、どこでも他人の倍の働きをしていれば、それを必ず他人が見ていてスカウトにくるからな。そういう姿勢で働いていけば、仮に俺が死んでからも、生涯仕事に困ることはないから」ともおっしゃっていました。

もともと、人の三倍働こうと自らに誓って取り組んでいた私は、「卒業して現場の修業に入るに当たって、とてもいい励ましの教えを賜った。生涯にわたって実践し続け、自分の成長の栄養にしよう」と素直に感じ、心に落とし込むことができました。

それには、大きく二つの理由がありました。

一つは「志を遂げなければ郷里には帰れない」という悲壮感を持って郷里をあとにした私は、もう自分が戻るところはないという〝崖っ淵に立って〟いました。焼き火箸を握って離さない、石にかじりついても、少しでも早く一人前の調理師になりたい、絶対になるという思いでした。

もう一つは、自分の年齢です。二一歳で調理師学校に入学した私は、卒業し現場に入ったとき、すでに二三歳になっていました。技術職を目指すにはある意味で、他人より何年も遅れてのスタートですから、その遅れを取り戻すためには、人の三倍は働く必要を強く感じていたからです。

実際に、厨房では戸籍年齢などほとんど関係なしです、店に入職した順番が〝早いか・遅いか〟が〝先輩・後輩〟の関係となり〝兄弟子・弟弟子〟になります。一番下っ端の見習いとして厨房に入った私が二三歳、その厨房の中で一年先輩にあたるのは、前年に中学を卒業してすぐに入職した十六歳の少年です。一年先輩だという気負いもあり、先輩風も吹かせたいですから、いきなり「おい上神田、その鍋しっかりときれいに洗っておけよ！」と怒鳴り声で命令されます、もちろん黙って従うのが厨房のルールです。

まだ顔の表情にあどけなさも漂わせているにもかかわらず、私より一年早く入っているために先輩の立場です。七歳も年上の新入りにどう向かい合っていいのやら、どう扱っていいのやら、と困惑状態です、中学生が大学生に指示を出すようなものですから。

彼自身が、まだまだ見習いの洗い方です。私の先輩である彼は彼なりの「なめられてたまるか」の気負いもあります。

「お前の仕事は、毎朝のごみ入れ用のポリバケツ洗いだ。特に生ごみ専用のポリバケツは、よく洗わないと臭くなるから、俺たちがやってきたように、手抜きせずちゃんときれいに洗えよ」

きれいに洗っていたようにはとても見えない、汚れたポリバケツを見つめながら「はい、わかりました」と答えたものでした。心の中は「七歳も年下のこんなクソガキに命令されながらやっていくのか」と、それまで味わったことのない屈辱感に、もう殴りたいぐらいの思いでしたがグッと堪えて、歳の離れた先輩に従い、本格的な修業に入りました。

あとになって考えてみると、このときの屈辱感がバネになり、二五歳までには年下の先輩たちに「上神田君」と言わせる、三十歳には「上神田さん」と呼ばせるようになろう。そのために〝誰にも負けない働き人になる〟と決意が固まり、頑張りにさらなる拍車がかかりました。

僧侶の世界に「千日回峰行」と呼ばれる、凄まじく過酷な修行があるそうです。一人で、夜明け前から出発し、山頂の本宮まで往復することが千回課せられた修行で、千年以上の歴史のなかでも、ほんのわずかしか完全にやり遂げた人がいません。

修行の途中、山の獣に襲われ命を落とすことあり、台風来襲のなか崖から滑落して命を落とすことあり、さらには、完遂が無理だと諦めるときには、あらかじめ渡された〝懐刀〟でもって自ら命を絶つ――これ以上ないという、まさに命がけ、我々の想像を絶するような厳しい修行です。

その行に耐え抜き完遂した僧は〝大阿闍梨《だいあじゃり》〟という称号が授けられると聞きますが、実際に受けたお坊さんは数えるほどしかいないそうです。

私は自分の〝洗い方三年〟の修業の期間をこれになぞらえたわけです。「この三年間、誰よりも早く厨房に入り、誰よりも遅く厨房を出る」と自分に約束しました。「男子一生の仕事の土台をこの千日間で創る」――高僧の修行と比べるのは誠におこがましい限りですが、「どんなことがあろうと、弱音を吐かないこと」と誓って修業のスタートを切ったのでした。

日本一の洗い方を目指し、生ごみバケツを徹底的に洗う

前述のように一六歳の先輩に「暑くなると生ごみ用のポリバケツはすぐに臭くなるから、早くきれいに洗っておけ！」と命じられました。続けて「俺たちは、ピカピカに洗っておいたもんだ」と自慢されましたが、とてもそうは思えません。

毎日大量に出る生ごみは収集車が持って行ってくれますが、その後、おそらく空になったバケツにホースの水を勢いよくかけるくらいで済ませていたのでしょう。ポリバケツの取っ手の

部分には、黒いシミがいっぱいついていました。

最初に命じられた、約十個のポリバケツ（七〇リットル入り）洗いの任務を前に、私は日本一のポリバケツ洗いになろう、と自分に言い聞かせたのです。「よーし、このポリバケツ十個、これら全部を飲み水が入れられるぐらい、徹底的にきれいにしよう。知らない人が見たら新品に換えたのかと思われるぐらいにきれいに洗おう」と。

長年の使用によって、取手の部分の角溝に黒くこびりついた汚れはなかなかしつこくて、簡単には除去できません。竹串を用意し、頑固な角溝の汚れを落とすことにしました。続いて、漂白剤を使ってバケツ全体のくすみを払うように丁寧に洗う。

普段の日の洗いはもちろん、お店の定休日には二時間以上もかけて、燃える思いになって取り組みました。いよいよ目標としたレベルにするための、〝磨き〟の段階に入りました。

一ヵ月近くがたつと、自分でも「きれいになった」と感じるほどになってきました。

五月の連休中はごみの収集がないために、洗うチャンスがありませんでしたが、連休明け、ポリバケツ全部が空になったとき、店は定休日でしたので、勇んでポリバケツすべての磨き洗いに精を出していた時のことです。

「大女将さん、おたくのお店のポリバケツ、飲み水入れと間違うぐらいに、とてもきれいで気持ちがいいですねえ」と、思いがけない声が耳に入って来ました。勤務先のお店の大女将さんが自分の生活ごみを捨てにきたところに、お隣のお店の女将さんが通りがかりに話しかけた台詞だったのです。その褒められたポリバケツを改めて見つめながら、「あんたが、バケツをこんなにきれいに洗ってくれているのかい？」と店の大女将さんに聞かれ、ちょっと照れ臭そうに「ハイ！」と答えました。

この一ヵ月余り、私は懸命にバケツ洗いをしていたものの、厨房の外での作業でしたから、厨房内の先輩たちは誰も気づきませんし、目にも留まらなかったのです。しかし、背中越しに聞こえた、「飲み水を入れられるぐらいきれい」という、お二人の会話を聞いた私の喜びは、とても大きなものでした。

一所懸命にやれば、ちゃんと見てくれる人はいる、いやいや神様が生きている人間の眼を通じて見てくれている、そんな感激と喜びがこみ上げてきました。自分のやるべきことをしっかりやることの大切さを、自らが立てた目標を成し遂げることの大事さを、実践体験を通じて知ることができました。修業のはじまりの頃の〝ポリバケツ事件〟でした。

人の何倍も練習すればチャンスに対応できる

隣のお店の女将さんに、自分のところの使用人が褒められて、気分の悪い人がいるはずがありません。うちの店の大女将さんはすっかりご機嫌の様子です。「あんたのお陰で、褒められたねぇ、ありがとうね。ところで、あんたは今日、これから何か用があるのかい？」と問いかけられました。

お店の定休日には、〝氷彫刻〟の教室に通っていましたので、「用事は午後からです」と答えると、「じゃ、コーヒーとケーキをご馳走するから、こんな婆さんとでもよかったら、デートするかい？」。大女将さんは八十歳近かったと思いますが、ありがたいお誘いに「よろしくお願いいたします」と頭を下げました。喫茶店で大女将は、ご自分のご主人である大旦那さんについて語ってくれました。大旦那さんは、もとは学校の先生をしていたそうですが、一人娘である大女将さんの婿養子としてお店に入ったのだということでした。

料理はもちろん、飲食業もズブの素人にもかかわらず、気難しいプロの料理職人を何人も使う立場になったわけです。彼らになめられたのでは社長は務まらない、料理を覚えようと大旦那さんは考え、一番難しいと思われる〝鰻割き〟の技術修得に挑戦したのだそうです。

鰻職人さんが厨房に入ってきて、仕事に取りかかるのが午前八時ですので、その前に練習する必要があります。五時前には起きて一人厨房に入り、鰻桶の水を取り替え、弱った鰻をはじいては、それを使ってせっせと練習したそうです。その甲斐あって、職人も認めるほどの腕前になったといいます。

その話を聞いた私は感動すると共に、すぐある考えが浮かびました。お店に入社して、三年に満たない者は、鰻に触ることを禁じられています。鰻は仕入れが高価な食材ですから、ヘタな新人が鰻をさばこうと挑み、失敗して切り散らかしたりすると、材料が無駄になってしまいます。その意味で料理長が「触るな」と言い渡すのです。

これは上に立つ者の教えとしては大事なことです。調理師なら誰しも早く庖丁を手にし、割いてみたいものですが、初めから簡単にやらさずに抑える。バネと同じで抑えるからこそ、いざその時がくれば本気になり伸びるわけです。私も料理長になってそれを実感しましたが、入社数ヵ月の当時、そんなことはわかりませんでした。大女将さんから話を聞いた私は、早速鰻用の庖丁を買って、大旦那さんにならって秘かに練習しようと考えたわけです。

大旦那さんは鰻桶の水を取り替え、弱った鰻をはじいて練習に使ったということですが、弱った鰻なら商売用にならないからです。

鰻用の桶には、常に一桶に七本から十本程度の鰻が入っていますが、一晩活かしておいたうち一本ぐらいは弱ったやつがいます。弱ったやつをそのままにしておくとヌルが出て、他の元気な鰻も死んでしまうのです。そんなことになると大損害ですから、必ず毎朝・晩、鰻桶の水を取り替え、ヌルヌルを取るために桶を束子《たわし》で水洗いします。

桶の水を替え、ヌルヌルを取るのは大変な作業で、たっぷり一時間近くはかかります。担当するのは〝鰻割きチーム〟のメンバーの任務ですが、「私にやらせてください」と申し出ましたら、先輩は文句を言うどころか喜んで任せてくれました。

水を取り替えると、実際に弱った鰻が毎朝・晩、何本かいました。それをはじいて桶を洗い終えたあと、弱った鰻を割く練習を一人でやりはじめました。学校時代に基本を習い、厨房でも先輩の庖丁さばきをよく観察していましたが、いざとなるとなかなかうまくいきません。それでも朝・晩、はじいた鰻を使っての割きの練習を、根気よくこつこつと続けていき、徐々にそれなりに鰻が割けるようになりました。

掟破りの内緒の練習、この成果が活かせるチャンスが、一年近くがたった頃に早くも訪れました。鰻・ドジョウ割きのチームには三人が配属されていました。そのときのメンバーのうちの一人が店を辞めたのです。

料理長から、人事配置を相談された煮方（厨房では二番手）の先輩が、「調理長、上神田君は、もう鰻を割けますよ」と進言している声を耳にしました。隠れて練習していたつもりでも、いつしか皆に知られていたわけです。それを聞いた料理長は、一瞬ムッとした表情になりました。日頃からあれほど「三年間は触っちゃいけない」と言い渡していたのですから当然でしょう。しかし、背に腹は代えられません。こうして私は二年目の二四歳で、一番下っ端ながら、〝鰻割きチーム〟のメンバーに入れたのでした。

それまで秘かに練習していた努力、この事前の準備があったからこそ、チャンスに対応できたわけです。年齢的に、他のスタッフよりかなり遅い修業をスタートした自分は、少しでも早く仕事を覚えたいという強い思いがあったからです。それと、自分が器用ではないことを自覚していましたから、人の何倍もの練習が必要だったのです。

この陰での準備と努力した体験は、人生を歩む上であとあとにわたって、私にとって本当に役立つ経験となっていきました。調理師としての年月がたつにつれ、後輩の指導という役割も増えてきます。さほど苦労せずに身につける器用な人は、不器用で何かにつけもたつく後輩に「お前、そんな簡単なこともできないのか！」となじり、叱りつけることになりがちです、そして怖がられ、嫌われたりします。

不器用で自分なりに工夫してやってきた私には、不器用な後輩のもたつく理由も原因も、大概はわかります。苦しんでいる本人のもどかしい気持ちが、手に取るようによくわかります。したがって、許してあげること、待ってあげること、そしてわずかな上達を認めてあげる、自然に教え上手が身についたように感じます。

私の大好きな野球でよく「名選手必ずしも名監督ならず」と言われますが、それと同じです。現役時代にさほど活躍をしていなかった人が、コーチや監督として大変な手腕を発揮する例が少なくないのも、回り道をしていろんな苦い経験を踏んでいるからこそでしょう。

「修業日記」は挫けそうになる自分を励ます杖

最初に勤めはじめる時、つまり修業のはじまりと同時に、私はノートを買ってきて、日記を書くことにしました。何か心に残ったこと、修業の日々の中で起きたニュースや自分の感想、そして新たな目標などを折々に書きしるした、いわば私の「修業日記」です。

最初に一年間の目標を書きました。調理技術のことをはじめ、公休日や隙間時間を利用して習う、氷彫刻・生け花・茶道・書道などの目標をそのつど書きつけることで、自分の進むべき道の確認と、努力目標の進捗がはっきり見えてきます。

目標を明確にすると同時に、この日記は挫けそうになる自分を励まし支える、重要な杖ともなりました。いくら熱い思いで仕事に取り組んでいても、生身の人間ですからスランプに落ち込むこともあります。そんなとき、日記を開いては初心を取り戻すことができたのです。

年月がたつにつれノートは何冊にもなりましたが、今でも捨てられない貴重な自分自身の歴史であり、かけがえのない財産です。

他人に見せるわけではないのですから、字が汚くても、文章が下手だろうと、気にする必要はありません。思っていることを書いているうちに、その時間は自分が自分と真剣に向き合うことになります、そこで心の迷いが客観的に見えてくるはずです。

第1章で、築地市場での買い出しに社長に同行させてもらうようになったことをお話ししましたが、それについてもいろいろと日記に書いています。

買い出しは週に四日でしたが、食材選びはとても勉強になりました。特に魚介類は何を買うか、仕入れてほしいかは、料理長からの「明日の買い物」というメモが、社長へ渡されているか、厨房の決められた所に貼られていました。

社長は築地行きのタクシーの中で「今日は、こんなのを買うからな」と、同行させていただく隣座席の私にも見せてくれます。私は勉強のために同行を直訴したのですから、少しでも覚えてお役に立てるようになろうと必死です。市場の買い出しは、同行する助手がいれば社長も楽です、「あと、何を買えばいい？」と問いかけられます、間髪入れずに答えます。

日にちを重ねるごとに呼吸が合ってきますから、社長一人のときよりスピーディーに買い物が進み、時間的ゆとりが生まれると、店舗側との値段交渉もうまく運びます。こちらの望み通りの品質と値段で仕入れることができれば、〝利は元にあり〟の教えの通り、当然利益が生じます。

すると社長は「今日は、気分がいい買い物ができた。ごはんでも食べてから店に戻ろう」と築地場内に店舗を構える食堂街に誘ってくれるのです。逆に、朝食抜きのダメ仕入れの日だっ

書き溜めた日記は仕事ばかりでなく人生の財産でもある

てあります。朝食が吉野家の牛丼になるか、握り寿司になるか、はたまた鰻蒲焼きになるかは、仕入れが上手く運ぶかどうかにかかっています。

若い私は腹を減らしていますから、買い物のあとの食事は大変な楽しみでもあります。買い出しのアシスタントとして腕を上げ、もっと役に立つ存在になろうとします。社長に気分良く仕事をしてほしいですから。

日記には、忘れられない言葉も記されています。あるとき、社長が訳あって海外に出かけ一週間以上にわたってお店を空けたことがありました。こういうときは大概、料理長が代理で買い出しに行くのですが、どういう訳だったか記憶がありませんが、社長の奥様である女将さんと私の二人で仕入れに行くことになりました。この時ばかりは仕入れの主役は私です。同行する奥様はお財布係のようなものです。責任重大の任務がまわってきたのです。

前日の晩、ご主人ご一家がお住まいのお宅に呼ばれました。大旦那さんと大女将さんの部屋に通されました。大旦那さんは、病後のリハビリ中でしたから、椅子に座っておられました。正座して見つめる私に向かって、何か言うのですが、口がモゴモゴしているだけで、私にはお話の内容がまったく聞き取れません。すると大女将さんが通訳してくれました。

「安く買おうと思うな。良いのを譲られてこい」

「知ったかぶりをしないで、先方から教わって、教わった通りに買ってこい」

買い出しといえば少しでも安く買い、それで小手柄をあげた気分になって褒められたいと思うものですが、それを戒めてくれたわけです。

「知ったかぶり」をすることも、買うのも調理するのもこっちだと、魚の仲買人さんに対して、こっちは客だと、上から目線になりがちですが、魚介類の知識は相手がはるかに豊富です。その日の魚介の出回り具合や質についても、仲買人さんのほうがはるかに熟知しています。だから大旦那さんの「教わって買え」という教えになるわけです。

大旦那さんは料理の素人からスタートし、苦労して老舗割烹店の三代目として、店を発展させ、率いてこられた方です。市場の仕入れも自ら鋭意実践されていたことが、教えから垣間見えました。実に良い教えであり、大切な戒めだったと思います。仕入れの学びをしていなかったら、こんなチャンスは訪れなかった、そう思います。

あの晩、奥に呼ばれて、大旦那さんから授かった宝もの、教えを忘れないよう、すぐに日記に書きつけました。

些細を見落とさない。〝神は細部に宿る〟

ここまで、修業の中の〝洗い方時代〟の話をしてきました。生ごみ用ポリバケツ洗いや、ヌルヌルの鰻桶洗いなどにまつわることを取り上げましたが、その他にも、魚介類の水洗い、肉類の下処理、各種野菜の下拵えなど修得しなければいけない学びがたくさんです。鍋磨きも庖丁研ぎも、冷蔵庫・冷凍庫の清掃、厨房の床掃除、トイレ掃除だってあります。

〝洗い方三年間〟は料理とは直接関係のない下っ端仕事の毎日なので、気持ちが腐るのではないかという印象を受けるかもしれませんが、ここが一流の料理人への道を歩むか、その道から外れるか、まさに分岐であり〝分水嶺〟となるところです。

どこか初めての料理店に客として入るとき、そこが庭先から玄関まで塵一つなく掃き清められ、打ち水されていると、この店は細かなところまで目がゆき届いている、料理もきちんとしたものが、きっと出るだろうと思うものです。庭のない小さな割烹店でも、カウンター越しに見える皿や鉢、椀などがきれいに洗われて片づけられていると、やはり同じ思いになります。

掃除や洗い物、片づけの様はその店の品性をうかがわせます。料理と同じくらい大切なことなのです。料理人が修業の最初の数年間をそれらの任務に従事するのは、掃除・洗い物・片づけがどれほど大事なことなのかを、身をもって知るためです。

「庖丁をほとんど握らせてもらえない」などと、友人にぼやく時期でもあります。〝下働き〟をしっかり修了した者だけが、その先に用意されている〝本働き〟の舞台での大活躍が約束されるのです。

生涯を賭けるに値する仕事、料理人としてもっとも大切な基礎づくりのときです。嫌そうに、適当にさぼりながらやり過ごした者が、その後に一流、超一流と称される料理人になったという実例を、見たためしがありませんし、話にも聞いたことがありません、ましてやそんな噂など、私は一度も聞いたことがありません。

「仕事とは天に仕える事也」です。したがって仕事に雑用などなく、必ず意味がある。どんなにつまらなく見えることにも、無駄なことはない、ほんの些細なことに見える凡事に本気で向かう、その本気度を〝お天道様が見ている〟のだと思います。

高級なお店で修業する際など、器をはじめとする備品・什器もとても高価なものを使っているものです。その器を洗うとき、うっかり割った皿が、一ヵ月分の給料が吹っ飛ぶような値段のこともあります。細心の注意を払って洗う必要があるのです。もちろん手洗いで丁寧に扱い、しまうときにもぶつけたりしないよう細やかな配慮が求められます。

そういうとき、指先の神経が常に張りつめているものです。これは作業としては洗い物ですが、実は指先の触感神経を鍛えていることでもあるのです。こうした指先の鍛錬を重ね、繊細な触感神経が身につけば、料理人にとっては貴重な財産になります。

つまり、些細な作業の積み重ねを経て、繊細な触感が養われ、精巧な料理作りを支え、精緻な盛りつけが可能になり、美しい料理が完成できるようになるのです。「凡事徹底」といいます。「神は細部に宿る」ともいいます。些細なことをおろそかにせず、精神を指先に集中して器や道具を洗い、丁寧に取り扱う。

これらは、料理人として一人前になるには、誰しもが皆一様に避けて通れない道なのです。

〃努力は素質を超える〃から心配いらない

この本は、調理師学校を卒業して、夢を追いかけるべく、勇んで厨房の現場に入ったものの、日々の労働、調理作業に追われ、また現実のさまざまな問題に直面し、絶え間なく押し寄せるように感じる課題もあり、眼には見えないけれども、立ちはだかるように思える大きな壁に遭遇して、あの頃に憧れ描いた夢を忘れかかっている人、自分に誓った目標を見失いかけている人、いろいろな心の挫折感から、調理師の道を諦めかけている人たちに、是非読んではしいと思って書いています。先輩にあたる者の任務としての熱烈なる思い、激励エールとして綴っています。

また現在、調理師学校に在校中の人たちや、さらにはこれから調理師を目指して、調理師学校に入ろうとしている人たちにも読んでいただきたいと思いながら執筆しています。現場の先輩や、調理長さんたちには、後輩・若者を理解する一助として、読んでいただけましたら、この上なく嬉しく思います。

日本料理の料理人の修業文化は「職階十段」と称して、私の師匠の時代までは次のように言い表していたそうです（江戸風・関東風の呼び方です）。

正式な弟子入り前は「使い走り・追い回し」で、現代なら研修期間・オリエンテーション期間といったようなものでしょう。その後に弟子入りを許され、〝洗い方三年〟です。「下洗い」「中洗い」「立ち洗い」と三年間を要します。この最初がとても肝心な期間です。「石の上にも三年」と称される大人の世界に混じって、職業人として生きていくための大切な学び〝心構えと覚悟〟を育むことになります。

「下洗い」は、鍋釜と表現される、調理道具の洗浄が主な作業、原則的に食材はまだ触らせてもらえません。「中洗い」は、竈《かまど》の火、調理に使う水・湯の段取り、そして食材の中の野菜の保存と下拵えの作業があります。一年兄貴分になりますから、弟分への指示、指導、と面倒見も大切な任務です。「立ち洗い」になって、メイン食材となる魚介類の水洗いという下処理及び保管管理という重要な役回りを担いながら、弟分たちの面倒見が作業を進める上でも肝心です。

ここまでの期間、いずれも土間での作業です。素足は大概濡れた状態で、立ち働いていますから、以前は「アヒル」と揶揄されていたそうです。

寒い冬場の土間での作業は冷たかったと思います。そんなときに、優しい先輩兄さん（煮方）が料理に使う出汁をひき終わった、温かい出汁ガラを土間で働くアヒルたちを思いやって、足元に放ってくれたそうです。その温かさは忘れられない、ありがたさに人の温みを感じ、挫けそうな幼心が癒されて頑張れたといいます。

四年目、「立ち回り」とも「盛りつけ方」とも称して、土間仕事から初めて〝板場〟に上がります。走り回る忙しさです。先輩方に指示を仰ぎながら、すべての料理盛りつけに関わっていきますし、料理人の「金庫」と言われる食材の冷蔵庫の管理も行います。

このときの気の利き方、気のまわし方を見て、ステップアップの人事考課がなされます。「この子なら、そろそろ役に就けてもいいかな」「大切な〝金庫番〟ができて、先輩たちからも

『気が利くし、役に立つ奴』と信頼されているから、昇進させようか」と評価されるわけです。

調理場で働くスタッフを、以前は〝板場さん〟と呼んでいました。足袋に雪駄履き、兄貴分のお下がりながら着物姿です、いでたちはいっぱしの板場さんです。まだ見習いの身分ではありますが、芽生えはじめた職人としての誇りの気持ちが、立ち居振る舞いにも、あどけなさの残る少年の面構えにも、どこか凛としたものが感じられる頃です。

さて、修業も順調であれば五年目、いよいよ「焼き方」さんです。初めて役職になるわけです、給金もこの段階から出たといいます。弟分の後輩たちからはもう憧れの存在です。

女の子たちからも、モテはじめる頃です。自分の就いた職業でそれなりの自信を持てるようになったら、言動にも自信が現れてきますし、その後の成長を期待される若者が、どんな時代であろうと、モテないわけがありません。

その後「揚げ方」さん、「脇鍋」さん、「脇板」さん、「煮方」さんと修業していって、そしてトップへ上りつめて、「板前」さん。現代は、料理長とか調理長と称しますが、〝板前〟さんは、板場（厨房）のトップですから、板場で働く人みんなを「板前さん」と呼ぶのは変です。「板前さん」は尊称で、一人しかいません。

このように、十段で示した職階を、努力して登ってゆき、たどり着く学びの行程を〝修業〟と呼んでいたのです。一本立ちできる技術と人格が備わったと師匠から評価されて〝卒業〟を迎えるまでの行程が、修業です。

厳しい面ばかりが誇張され誤解されがちですが、修業は親方の下での学びであり、親方の庇護の下での経験です。言ってみれば、履修期間十年の〝板前養成所〟に通っているようなものです。口頭ではありますが、修了証書がもらえ、晴れて卒業があるということです。

真の厳しさは、その後に立ち向かわなければいけない〝生涯修行〟のほうです。期間は無期限、つまり死ぬまでの一生涯です。先達の料理名人の方々が、異口同音に「料理は生涯勉強だ」、さらには「料理は真心だ」と唱え口伝してきてくれたにもかかわらず、この心の構えと、使命感の自覚が欠如した料理人が、大変多いように感じ、哀しくなっているのは私だけではないと思いたいです。

料理人という、同じ稼業に身を置く者の一人として、ずっと寂しい思いを持ちながら、今日まで歩んできました。この業界の歪みを糺《ただ》したい、携わる人間の荒んだ心を癒したい、と思い感じる自分が、ずっと若い時からありました。

私はとても幸せな料理人人生を歩ませていただいていると実感していますが、そんな幸運な人生を歩めているからこそ、あとからくる後輩の皆さんと共に、職業観を考えていきたいという思いが、一層強まってきています。

「水商売」と蔑まれた時代もありました。「やくざか板前か」と忌み嫌われることもたびたびありました。さらには持っていたさしみ庖丁で殺傷、刺した犯人の職業は、〝元調理士〟などという忌まわしいニュースもよく聞いたものでした。

あの福澤諭吉翁の「天は人の上に人を造らず」の言葉。こんなにも素晴らしい仕事に出会えた幸せに報いる意味でも、同じ稼業で生計を立てる〝庖友〟となって、巣立っていく後輩の調理師たちの心に、料理人人生で学んだことから、人として大切にして欲しい、思いやりと優しさの種を蒔き続けて参りたいと考えています。

彼らには、堂々とした夢を持って、胸をはって夢を追いかけ、そして夢を掴んでほしいと切望しています。そして〝努力は素質を超える〟――だから自分を信じていこうとエールを送りたいです。お天道様が必ず見てくれているから、心配いらない、臆することなく、少しだけ上を見て歩んでいこう。

現在調理師学校で学んでいる彼らに初めて会ったのは、まだ彼らが高校生だった頃です。オープンキャンパスでのことです。私はこう話しました。

「今日おうちに帰ったら、お父さんお母さんが安心して、君の夢を応援したくなるように、〝調理師〟という職業の紹介をしよう」

調理師とは、〝食卓に笑顔の花を咲かせる仕事〟です。

この、明るい未来を感じるメッセージを伝えたのでした。

先に私は、自分がとても不器用だと述べました。現在、調理師専門学校の校長を務めている私がそう言うと、何か嫌味に取られかねませんが、実はすごく不器用という劣等感に、いまだにとらわれているところがあります。

私の不器用は子供の頃からで、小・中・高と、いずれの時代を振り返っても不器用の極みでした。音楽ではハーモニカも笛もまったく吹けず、発表会になると隣の子を横目でチラチラ見ながら、指の動きを真似し、吹いているふりをしていただけでした。図画工作では、ただの一度も他人から褒められた記憶がありません。

高校時代は硬式野球部に所属していました。私自身、野球は大好きでしたが、選手として経験がまったくありませんでしたから、マネージャーとして部活に関わりました。県内ではそれなりに強豪と称される野球部でしたから、地域で優秀な選手たちが集まってきており、地元の皆さんからは、毎年甲子園出場が期待されるほどの活況を呈した活動ぶりでした。

彼らの打撃や投球ぶりを見ているだけで憧れ、ファンのような心理になって、最後まで喜んで、裏方で支えたものです。

芸術やスポーツの世界なら、持って生まれた才能・資質が不可欠だと感じます。音感のない人がプロの音楽家になるのは無理でしょう。運動神経が人並み程度の人では、プロスポーツの選手にはなれません。

しかし調理師は、そういう天才的な素質や才能がなくても大丈夫です。調理師に限らず職人が腕を上げるには、手を敏速に動かすこと、繰り返しの反復練習を他人より多くすることしかありません。「他人より器用だ」と自惚れているような者は、かえって人並みか、あるいは下回る努力しかしないように感じます。特に、私から見て羨ましいほどに器用な人は、早い段階で周囲から褒められ、思いあがった気持ちになりがちです。そうすると、その思いあがりが〝努力へのブレーキ〟になってしまうようです。

不器用であるという劣等感を持つ者は、他人に後れを取らないためには、とにかくひたすら練習・訓練・鍛錬を積み続けるしかありません。前項で述べた指先の触感神経の鍛錬にしても、神経そのものには生来の資質があるにせよ、人の二倍、三倍やることで必ず克服でき、人並みにやれるようになります。それどころか、器用な人がのんびり手抜きしている間に、追い抜くことだってあります。

料理人の世界では、道を究めた先人たちの多くが、案外〝不器用〟だったと吐露することがあります。不器用という自覚があるからこそ、精進と努力を重ねていった。コツコツと一段一段上っていった先に「匠の扉」があったという回想談は、勇気と希望を与えてくれたものです。

ですから、今、厨房で自信を失いかけている人、調理師学校に学んでいる人、これから入ろうという人、誰にでも当てはまることですが、自分が不器用であるという自覚があるなら、それは逆に、頑張る、努力する資質に恵まれているということです。
生涯にわたって怠けないために〝不器用という才能〟が備わっているといって、間違いありません。心配せずに真っすぐに、謙虚な精進を継続していってください。

厨房という道場で稽古着の白衣が似合う人になる

校内には生徒たちを応援するために、私の拙い筆による激励の言葉を何枚も掲げてあります。そんな中に、「志高き者の構え——厨房は、料理人にとって道場である」という言葉があります。これは私自身が信念として心に刻んできた言葉です。人としての礼節、調理師としての技、その両方を学ぶ道場と考え厨房に入る。そういう心構えがあるかないかで修業の実りは大きく変わってきます。

柔道や剣道の道場では、入場時に一礼し、退出時にも一礼します。礼にはじまり礼に終わる。礼によって気持ちが引き締まり、集中力や緊張感が高まるものです。また道場に入る際、敷居を踏まず、歩くときに踵《かかと》を引きずらない。これもまた料理人としての所作、立ち居振る舞いの美しさにつながります。

厨房には洗い方から料理長まで、キャリアレベルの違うさまざまな調理師が混在しています。

洗い方は、大概先輩たちよりも早い時間に厨房に入り、最後もあと片づけ、床掃除、洗い物、ごみ捨て、戸締まりなどを行い、しんがりとなって厨房をあとにします。仕事中でも、自分の仕事が終わったからといって、のんびりしているようではいけません。先輩方の仕事ぶり、焼き方・揚げ方・そして煮方、さらには料理長の仕事ぶりを〝見て習う〟絶好の時間です。経験を積んできた先輩たちの食材の扱い方、庖丁の入れ方まで、学ぶ技は尽きません。

授業料を納めて学びにくる所である学校では、〝教え〟ますが、給料をいただいて働く現場のルールは「技は、盗んで覚えるもの」です。その本気さが絶対の必須で、社会の掟といってもいいほどですが、そういった真摯な姿勢で臨むことが、もっとも成長の糧になっていくのです。

在校中の生徒にとっては、白衣を着て入る調理実習室が、現場の厨房にあたります。教え導く先生たちは、プロの専門家ばかりです。

庖丁で切る、そして焼く、蒸す、煮る、揚げる。調理するすべての所作がお手本になります。卒業してお店の厨房に入れば、先輩たちをじっくり観察する時間はなかなか取れませんが、学校の授業では先生がしっかり説明しながら見せてくれるのです。テレビの料理番組をのんびり眺めているような感じでの受講では、これほどもったいないことはありません。

調理師専門学校は、単に免許取得のためだけではなく、あくまでプロの料理人となるためのスタート地点と位置づけて指導します。

私たちの学校では、教育目的である「校是」にこう記しています。

私たちは　お預かりした大切な生徒に
人としての倫理と道徳を躾け
調理師として必要な知識と技能を授け
社会に望まれる人財を養成する。

学校は、職業実践の教育現場です。まず社会人としての倫理・道徳の躾がはじまりです。〝心・技・体〟と言います。順番を間違ってはなりません。正しく学び、身に修得させるには、心の構えを正さなければ、技の指導に入ってはいけません。

教える先生たちも、大変に難儀です。ほとんどの生徒たちがそれまでの、小学校・中学校・高校で教わってきていない、あるいは、教わっても身についていないというのが実態です。躾教育の目指すところは明瞭です。「良き習慣を身につけさせる」ということです。つまり、社会に出る上で、人としての大切な財産・宝ものを持たせてあげるということです。

厨房は、料理人にとって〝人生道場〟と言ってもいいでしょう。

「ここはどんな学校ですか?」と問われたら、「人間を創る学校です」と答えましょうと、教職員に呼びかけています。

私の経験から感じていることは、その料理人が白衣が似合うかどうかを見れば、料理の腕前のほどがほぼわかるということです。なにかと偉そうな能書きを並べても、白衣姿に実力が自ずと現れてくるのです。

白衣が似合うといっても、背が高いとか色白とか、そんなことを指しているわけではありません。白衣を羽織ると同時にスッと背筋が伸び、オーラが漂う、それを白衣の似合う人と称するのです。

白衣は厨房という人生道場で料理人が身につける勝負服であり、〝この仕事は天職である〟という人生への向かい方なら、時と場合によっては命がけの〝死に装束〟ともなりうるものです。おろそかにはできません。

その白衣姿が輝きを放っていないようでは切なく哀しいです。さらに庖丁を手にしたら、もうオーラ全開であってこそ一流の料理人の証です。

近年、お遍路ブームと言われ、多くの観光客が四国遍路などに参加しています。皆さん白装束に身を包み、傘に杖とそれらしい格好をしていますが、どれだけの人が白装束の本来の意味をわかっていらっしゃるのでしょうか。

かつての遍路行は長期にわたる極めて厳しいものでした。家を出るとき、二度と戻れないかも知れない、いつどこで果てるかもしれないという覚悟を決め旅立ったそうです。果てたときに自分の骸《なきがら》を包むのが、白装束だったといいます。

祖先にあたる、大和の民の死への覚悟と、人生への向かい方を強く思わされます。

料理作りを一生の仕事として選んだ私も、そういう覚悟を持ってこそ〝白衣の似合う人〟になるのだと、さらなる決意をいたしました。

花の板前さんが、清潔で真っ白な白衣を着て、まな板の前にスッと立ち、庖丁を手に握って食材に向かったら、目の前のお客様は安心して任せきって、もう舌の鼓が美味しいを奏でるばかりの態勢に入ります。カッコイイ歌舞伎の役者さんが、舞台中央に凛と立った姿と通じるものがあるように思います。観客は魅了されて幸せなひと時を過ごすことになります。

人を幸せな思いにさせることのできる料理人って、素敵な仕事です。

「お天道様が見ている」というのが母の念仏だった

先にも述べたように、いつも母が先に、自分から他人さまに挨拶をしているのを見て育ちました。それが知らず知らずのうちに私の体の中に刷り込まれているのに気づくことがしばしばあります。

かつての日本人の多くがそうだったように思いますが、私の母も、私たち子供に言い聞かせるとき、叱り躾けるときには、いつも、

「梅雄、他人の目はごまかせても、お天道様が見ているんだが」

と言いました。

お天道様が〝神様〟に置き換えられることもありましたが、母にとっては多くの子供を躾けるための、不易な規範、倫理と道徳だったのだと思います。

子供の私から見た母の人生は、まるで上神田家に関わる人たちのためにのみ生き抜いた、捧げ尽くした、ある意味では〝利他に生き抜いた人生〟だったように感じます。

貧乏のための生活の苦労と、たくさんの子供たちを養育する苦労と、生きていくうえでの尽きない心配事……。そうしたことが寄せては返す波の如く、絶え間なく訪れたであろうと思います。

人間は弱いものです、眼には見えない〝神仏〟という存在に無心に祈り願う思いで、「お天道様が見ている」と、きっと母が胸中で乞いすがる想いで唱えた〝お念仏〟のような言葉だったのだと思います。

今の若い人たち、ことに大都会に暮らす人たちは「お天道様」という言葉の意味するところ

の実感が湧かないように思います。

私たち日本人は、古来より自然への畏敬そして崇拝を「太陽＝お天道様＝神様」として崇めてきました。キリストや釈迦のような人神でなく、自然神に対する崇敬の念を、仕事や生活を律する大切なものとして、先祖代々神代の昔から伝え続けてきてくれた理であり、真理であると思います。

宗教心というよりも、眼には見えないものを信じる心、眼には見えない大きな力への畏敬だと思います。農業や漁業など自然とともに暮らしを立てている人たちは、このことを強く感じることのできる職業であると言えます。

日の出とともに起き、太陽の下で一所懸命に働き、日暮れとともに住居に帰り、就寝し疲れを癒す、自然とともに生きる暮らしです。太陽は田畑の作物を育てます。太陽が隠れ、落ちてくる雨は田畑を潤し、川になって海に注ぎ魚や貝を育てます。

そういう自然の循環を日々の暮らしの中で実感していたからこそ、太陽の偉大さをひとしお感じ、どこで何をしていようと、お天道様が常に見ている、人間の目はごまかせてもお天道様にはすべて見られているという信心が生まれてきたのだと思います。

料理人の道を歩くようになって、私の胸に母が念仏のように始終口にしていた言葉が、決断を迫られる場面で常に蘇って、本当にありがたい教えをいただいたと、何度も何度も思わされて歩んできました。

天地（神様）から賜り授かりしもの、天与の自然の恵み、命のもとである食材をありがたく押しいただいて、料理作りをさせていただく仕事――これほど清新で、天に近いところで働くことのできる仕事はそうそうないと誉れに思います。料理人を志す人は、心に留め置いていただきたいと思いますし、私もそうでありたいと思います。

「仕事」という字は〝仕える事〟と読みます。仕える相手は会社の社長とか上司といった人間ではなくて、神様に仕えることなのです。厨房でも〝料理の神様〟に見られているという謙虚で誠実な気持ちならば、天与の食材の無駄はおろか、料理仕立てに一切の手抜きなどできないはずです。

たとえ、今はまだ経験が浅く、上手に庖丁を使えない〝見習い〟の立場だとしても、神様に見られていることを忘れず真摯に精進する。先達の名人は教え諭してくれています。「邪心を放って技に打ち込めば、いずれ神業に達する」と。

「料理人とは　物言わぬ天の意思を　この一皿に現す仕事をする人のことである」――これは、料理人稼業でずっと人生を歩ませてもらってきたなかで、心に培われてきた、私の職業感であり、仕事感を表した言葉です。

こんな素晴らしい、心から誉れに感じる、そして〝天職〟と思える仕事に出会わせていただき、本当に幸運な人生を歩ませていただいていることに、天意・天命に心から深謝すると同時に、報恩の想いからも、調理師という人生を目指す若い人たちを、誰よりも熱く応援していきたい。また、そうしていかなければ天の意思に反することになると考え、心して天の教えに沿う道を歩み続けることによって、天からの任務を遂行して参りたいと思います。

歯磨きと同じで、心磨きも毎日欠かさずに

私は若い頃から、〝調理師を天職として〟というような立派な志があったわけではありません。親に心配をかけないように、職業に就いて自立した生活を営めるようにしなければという、〝仕事探し〟で上京しましたので、私は常に「岩手の田舎から出稼ぎに出てきて、縁があって郷里に帰らない人生になってしまいました」と言っています。

「食っていける仕事に就きたい」という思いは熱く、そういう意味では、不撤退の思いを強く抱いて調理師学校に入学し、西宮先生という憧れるほどに、あやかりたいと思える師匠に出会えました。

その師匠のお陰で、老舗の割烹店で現場修業のスタートを切らせてもらいました。

初めて現場の厨房へ入るに際して、「修業日記」の一ページ目には己への訓示として次のよ

うに記しています。
「自分という列車が通る線路は誰も敷いてはくれない。

厨房で働くのは、学校で学ぶのと同じこと。それを給料もらって勉強できるという誠にありがたい身の上である。時と場合によっては徹夜で学ぶ意欲がなくてはならない。

料理人は人様の命を預かる凄い仕事である。したがって、長い年月の厳しい修業を要するのは当たり前であろう。

そう易々と誰もができるものではない、重い責任感を伴った〝辛抱と忍耐〟が不可欠であろう。きっとその道程の先に、使命感が芽生え、天職に恵まれた幸せな人生を歩めたと心から思える生涯を送ろう。

自分を匠へといざなう線路は己自身で引こう。そのための資質・資格は〝人として誠実に、爽やかに、朗らかに豊かな心で、誰よりも明るく進んで働く〟ことだ」

「自分の力以上に見せようと、見栄や虚勢を張ってはいけない。常に修業の身であるという謙虚な姿勢で、その時々で与えられた役目を素直に受けて、精魂を込めて行う。

料理人の業界に染みついている親分・子分の関係の短所はあるものの、義理人情、侠気などの良きところ、長所を正しく理解して、現代風に身につけていこう。

男子一生の仕事という誇りを持てる、〝プロフェッショナルな料理人〟となろう。

そのためには、健康に充分に留意する、たばこは吸わない、大酒は飲まない、夜更かしはしない、ギャンブルはしない、信頼を損なわない。

厨房の中での学びの他に、習い事の稽古を怠らない、人間としての教養を高める、食材を捨てない・無駄にしない、庖丁などの道具を磨き上げる、そしてご縁の人を大切にする。

己が一切である、自分を信じて、自分の弱い心に負けずにいこう、熱烈闘魂・ガンバレ梅雄！　お天道様が見ている」

随分と気負った文章ですが、すべては両親から、兄姉たちから、先生方から、友人・知人から、郷里の人たちから、そして師匠の西宮先生に教えていただいた事柄ばかりです。まぎれもなく、本格的な修業に入るにあたっての、私自身の初心であり、立志です。

実際に厨房で働きはじめると、嫌なものも眼にします。聞きたくないものも、耳に聞こえてきます。それら日常の暮らし、生活のなかで起きることに一喜一憂し、気持ちを乱されないようにと思い、ひたすら仕事に没頭し、疲れ切って寝床に入る。

それを繰り返しているなかで、何か大切なものを見失っているような不安に駆られたりします。そんなとき「修業日記」を開きました。そこに書きつけた〝初心〟を読み返しては自分を励ましながら歩んできたように感じます。

一番油断がならないのが自分の心です。知らないうちに埃をかぶって、視界が狭くなります。

車のフロントガラスに、ワイパーをかけるように、心のフロントガラスも時々は磨くことが必要です。

一日一語の人生訓「日めくりカレンダー」でもめくるように、自分の心のありようを点検し、初心を忘れていないか、目標を見失っていないかを確かめる。

天才と称されるほどに強靭な精神を持ち合わせている人なら、そんなことは必要ないかもしれません。私はとても弱い人間ですから、他人様より迷ったり、悩んだり、妬んだり、落ち込んだりを繰り返します。だからこそ、毎朝の歯磨きと同じように磨く。昨日磨いたから、今日は磨かなくてもいいということにはなりません。心の始末が人生の始末だと思います。

突然クビになるという、まさかの坂に遭遇

最初の勤め先でのこと、石の上にも三年、当初の目標である〝千日修業〟を終え、料理人として初段（黒帯）だと自負する気持ちが生まれたのでしょう。「上神田君はすごい」と社長や大女将にも目をかけてもらい、洗い方三年という修業を経て、順調に「焼き方」という上の職階になりました。

それなりの自信らしきものも芽生え、いよいよ職人としてますます気合いを入れてやってい

こういう意気込みで燃えていました。お店のほうも誠に勢いのある素晴らしい繁盛店で、活気ある厨房でした。売り上げ実績もまるで〝鰻登り〟。毎年十％以上の伸び率が続いているという最盛期の時代との出会いでした。

勢いそのままに、三店舗目となる新規の店を開くことになり、私はそちらの配属になりました。料理長・三十歳（経験十五年）と煮方・二十四歳（経験八年）、それに焼き方・二十五歳（経験三年）となっていた私と、計三人の板場でした。

料理長は非常に腕が良く、日々「勉強になる」と実感できた充実の日々を送っていたある日、帳場に師匠から電話が入ったのです。「上神田君、西宮会長様から電話ですよ」と呼び出され、嬉しい気持ちで受話器を取り、「おはようございます！」と元気よく挨拶をしました。

ところが、それまでに聞いたことのない、明らかに不機嫌な声で「お前、何をやっているんだ。社長に何を言ったんだ」と、まるで犯人を詰問するような口調で、明らかになじられている感じでした。あまりの予期せぬ語調に、私はとても哀しい気持ちになってしまいました。何も返答できずにただ呆然としている私に、師匠は続けてこう言い渡しました。

「明日朝、十時に事務所に来い。仕事ができるように庖丁を持って……」

何が何だかわかりませんが、「今日で上がってこい！　庖丁だけ持って事務所に来い」という言葉が意味するのは単なる異動や配置換えなんかではないことは、師匠の不機嫌に突き放した感じの声色からも想像できました。

「俺は、クビになった」——満四年を数日後に控えた三月下旬のことでした。

解雇宣告を受けてから、時間を経るごとに切なさが募っていって、身体は忙しい調理作業に追われていますが、心はここにあらず「何で？　何で？　何で？」の状態です。

こんな切ない、哀しい境遇が、まさか我が身に降りかかってくるとは夢にも思っていませんでした。青天の霹靂《へきれき》ですが、しかし立ち止まってなんかいられません。お店の営業を終えたら即行であと片づけを終わらせ、それから庖丁をしまい、急ぎ寮に戻って、自分が四年間住まわせていただいた部屋の掃除であり、洗濯です。さらには自分の荷物まとめをし、廊下に出し部屋を空けなければなりません。明日にはもうこの店の者ではなくなるわけですし、行った先の店の定休日もわかりません。使う前よりもきれいにしてお返しするあと片づけです。

クビになれば、店の寮もすぐに、跡形も残さずに出て行かなければなりません。寮の部屋は三畳の広さに二段ベッドの狭いところでした。私は洋服などの私物は少なかったですが、料理本、氷彫刻用のノミやノコギリなど、見習いの分際の割には荷物を持っており、それらを部屋から出す必要があります。

仕事を終えてから、八百屋さんへ行って野菜入れ用の段ボール箱をもらってきて、荷物を詰め込みました。救いは、日頃から私を慕ってくれていた後輩たちの四、五人が、深夜にもかかわらず甲斐甲斐しく荷作りを手伝ってくれたことでした。

寝床に就いたときには深夜の二時をだいぶ過ぎていました。悔しかったです。厨房の誰よりも真摯に働いていたという自負もありましたから、虚しかったです、お店での四年間の思い出が走馬灯のように蘇ってきて、やるせない気持ちになり泣きたくなりました、人を信じられないという、寂しさにも襲われました。

会長の電話の様子から、うすうす〝クビ〟ではないかとは感じましたが、しかし事務所に向かう前に、せめて社長さんや料理長さんには、お世話になった最後のお礼とお暇のご挨拶だけはしてから出かけたいと想い、早朝から面会の願いを試みましたが、なんだか居留守を使って避けられているのではないかと感じる対応でした。さらに嫌われて、〝クビ〟になったという思いがつのりました。

あとにわかったことですが、料理長が「上神田君は大変よくやってくれているので、手間賃（給料）を上げてやってもらえませんか」と、俠気《おとこぎ》を出して社長に直訴してくれていたのです。

調理師会から派遣される調理師の給料は、会とお店側が取り決める仕来り（習慣）です。「子飼い」と称される中学や高校の新卒を雇い入れて使ってきた社長にすれば、従業員・使用人である調理師から直接に賃金交渉など想像もつかなかった驚きの〝衝撃事件〟だったというわけです。生意気な無礼者だと、腹立たしい感情も湧いたことでしょう。

赴任してまだ半年余りの若い料理長に、「上神田が、給料を上げてくれるよう要望したのだろう」という誤解が、即刻の電撃解雇というドラマの顚末でした。

ただ、一ヵ月余りたった頃まで、お店から引き揚げられたこうした理由を聞くこともできませんでした。今の若い人から見れば、ずいぶん理不尽に思えるでしょうが、それがこの世界で弟子入りするという宿命でもあるように感じます。

段ボール箱を廊下の隅に寄せ、一時的に置かせていただくお願いをして、翌朝、庖丁一式が入ったバッグだけを携えて、師匠が五代目の会長職を担っている、上野にある調理師松和会の事務所へ向かいました。まだ、こういう事態になった真相のわからないままのときでしたから、なにか釈然としない、沈みがちな暗い気持ちで事務所の扉をノックしました。

中から、「どうぞ、お入りください！」。私の生まれる前から永年勤めてくれていた事務員さんが、大きな声で招き入れてくれました。恐る恐る扉を引いて、かしこまって中に入りました。

事務所の中は、会長用と事務員二名用、そして予備の事務机が並んで設置されていて、あとは訪問者用のソファセット（四人用）があるぐらいの簡素なところです。以前の事務所から数年前に引っ越した、新しい事務所の中に入るのは、その日が二度目でした。

会長（師匠）は、どんな不機嫌な顔で私を迎えるのか。昨日の電話の声は明らかに不愉快そうでした。何を問われ、何をどう答えたらいいものか、と思案にくれながら出向いたのです。

ところが、会長は不在、留守です。「上神田さん、会長からお話し聞いていますか？」とベテラン事務員さん。「いえ、なにも」と、追って沙汰を待つ気分の私。「あぁ、そうですか。次のお店の紹介状は、会長から預かっていますよ」。そして、「会長が言っていましたよ。今度のところは、いままでの店ほどは勉強にはならないかもしれないが、その分は給料で見てあるから」とベテラン事務員さんは付け加えました。

その瞬間に察しがつきました、先ほど述べたいきさつはともかく、私の解雇の理由は「給料のこと」が原因だったんだ、と。

「調理師松和会ですけれども、ご依頼いただいていた調理師が紹介状を持ってこれから伺いますので、よろしくお願いします」

私の目の前で、ベテラン事務員さんは次のお店の方に電話を入れてくれました。間髪入れずにです。今日の昼食タイムから〝即戦力の職人〟としての期待に応えるために、すぐに上野不忍池湖畔にある、老舗のお店に向かいました。

〝いつでも辞められる〟という自由がある

私にとって新たな修業の場となったのは、鰻料理を柱に営業している、とても小規模で建物もかなり古いと感じるお店でした。厨房は、松和会から派遣された五三歳の方が料理長で、あとは鰻専門の職人さんが一人、そこへ私が見習い兼・焼き方・揚げ方・煮方という位置づけで紹介されたのでした。

ちょうど桜の花が咲きはじめた、花見の季節です、年間でもっとも忙しい繁忙期を控えて、調理師の紹介を待ち望んでいたお店にとっても紹介所の業務にとっても、突然の解雇という憂き目の私は、まさにお誂《あつら》え、緊急の臨時雇いの調理師として呼ばれた格好でした。ある意味では、待ち望んでいた人財だったかもしれません。

日本一花見客で賑わう上野公園近くのお店です。「今日入ったばかりの、まだ慣れていない厨房なので……」などと、呑気な言い訳なんかを考えている閑がない忙しさです。

開店前から店の前にはお客様の列ができていて、閉店し最後のお客様が帰られるまで、ずっと忙しさは続きます。毎週木曜日の定休日までの一週間、いま思い返しても落ち着かない忙しさでした。

前のお店を〝クビ〟になったいきさつもわからないまま、私は放心状態で、かなり落ち込んでしまっていたはずでした。しかし、そのときの私は、ネガティブに考える暇がまったくないほど忙殺されていたのです。このことが結果的に、人生の〝まさかの坂〟に遭遇し窮地に立たされた私を、どん底にまで落ち込ませずにいさせてくれた要因になりました。

忙しいとは〝心を亡くす〟という字ですから、よく「忙し過ぎると心を失ってしまうから、あまりよくない。休みも取らないと余裕がなくなり、判断を誤るよ」と諭したり、助言されたりすることがあると思います。しかし、あのときの〝超・忙しい〟は、沈みかけた自分を救ってくれた〝救済神〟だったのです。

最初の定休日に会長（師匠）に面会したくて、久しぶりに母校をお訪ねしました。

「授業を聴講させてもらっていいですか?」と尋ねると、「休みか」とだけ言われました。教室の後ろの隅で実習授業のデモンストレーション授業を聴講させていただき、先生から「その辺で飯でも食うか」と声をかけていただきました。

食事をご馳走になりながら、先生の話で初めて〝クビ〟になった経緯がわかったのでした。生涯にわたって師事したいと敬い憧れた〝西宮先生〟に誤解を受けたままではどうしても納得できない、承服できない自分がいましたから、会って直接会長の口から〝解雇〟に至った真相が聞きたかったのです。

一方では、生涯にわたって師事しようと誓った師匠の「名を汚すような働き方・勤め方は決してしていない」ということをご理解いただき、師匠の誤解だけでも解いておきたい、という気持ちで勇気を出して会いにいきました、話が伺えてよかったと思いました。

しかし〝覆水盆に返らず〟です。私はもう、前の店には戻ることは叶いません。新たに紹介されたいまの店で頑張るしかありません。

仕事のことならいくらでも頑張って働こうと思えましたが、私が困ったのは住み込みのための寮（部屋）がないこと、そのため前の店に置きっぱなしの自分の荷物を引き取りに行けないことでした。店主は、繁忙期の臨時雇いの調理師を、紹介所である会に依頼しただけでしたから、派遣されてくる調理師の住まいのことなど考えていません。

その晩から、急遽お客様がご利用される個室に寝かせてもらうことになりました。お客様が帰ってから、部屋の押し入れから布団を取り出し、休ませていただきました。

お客様がお食事で利用されるお部屋ですので、朝起きると髪の毛一本落ちていないように掃き掃除、拭き掃除をしなければなりません。この体験から、たとえ狭かろうと、相部屋でも、自分の寝床があるだけでありがたいことと思えるようになりました。

ただ、気がかりは〝クビ〟になった前の店の寮に置いたままの段ボール七個相当の荷物です。引き取りに行く目途も立たずにいました。

上野駅前には「ああ上野駅」という題名で大ヒットした歌謡曲の記念石碑が設置されています。その石碑に刻まれた歌詞を見ていると、岩手の片田舎から単身上京し上野駅に到着した、あの日の決意が蘇ってきました。同時に、あの日からすでに六年も経っているのに、自分の寝床すら得ていない己の情けない状況に、さまざまな思いが胸をよぎりました。

「この駅から乗れば、岩手の郷里に帰れるんだ」と郷愁の想いにもなりましたし、「このまま、料理人を辞めずにやっていけるだろうか」という不安な気持ちも心の隙間をよぎります。ただ、「辞めてしまおうかな……」という悪魔の囁きが頭をかすめたのは、あとにも先にもこのときだけでした。

それらの思いを振り切り、新しい店で働きぶりを認めてもらうことが当面の任務です。それが心配をかけた師匠へのお詫びとなり、自分自身の名誉回復にもなります。

厨房は、毎日オーダーに追われる状態のために、満足な掃除は行われていない様子でした。たった一週間前に参入した私を含め、超ベテランのパートのおばちゃん二人を加えても総勢五名のスタッフです。当然、勤務時間内には満足な清掃・掃除まで手がまわらないという言い訳も頷けます。

この上は、繁忙期が少し落ち着いたら、厨房を徹底的に清潔でピカピカ状態にしようと、心に決めました。鍋は経年劣化のせいもありボコボコに凹み、そこに長年の汚れが黒ズミとなってこびりついていました。こんな鍋で煮炊きしていると、職業への誇りも、自分の気概も失っていくような恐怖心さえ感じていたからです。

よし、いの一番は〝鍋磨き〟と決心。誤解の上とはいえ、〝クビ〟になったお店の厨房で使っていた鍋に負けないぐらいに磨き上げようと、奮い立ちました。相当の汚れで手強いと覚悟しましたが、数は大小合わせてもわずか十二個。思い立ったら即実行、迎えた定休日、厨房に降りて〝鍋との格闘〟です。

朝九時から夜七時までの約十時間を費やして、すべての鍋を磨き上げました。モヤモヤしていた自分の心のくすみまで磨かれて、爽やかな気持ちになりました。そして、アルミ鍋本来の銀の輝きを取り戻した鍋たちがニコニコ笑顔になって、私を見てくれているように思え、なんともいえない温かさを感じ、優しい気持ちになりました。

次の日の朝です。いつものように一番に厨房に入ってきたのは、ベテランのおばちゃんでした。お茶を入れるためのお湯を沸かす鍋を取ろうとした瞬間、ギョッとしたようです。

さぁ大変。棚のすべての鍋にジッと鋭い視線を走らせると、開店準備でまな板を洗っている私に向かって声を発しました。

「まぁまぁまぁ、あんた大変なことをしでかしてくれたねぇ。あの鍋全部捨てたのかい？　倉庫から、勝手に新しい鍋出してきて。まぁまぁまぁ、こりゃ大変だぁ。専務来たら、あんたなんて言い訳するの。いやいやいや、どうすんだべ、本当にこれ……」

二十年以上もここで働き、パートさんとはいえ、誰より厨房のことを熟知し、オーナー専務の絶対的な信頼を得ている、いわば〝厨房の主〟のおばちゃんです。そのおばちゃんの経験の中では想像もできない〝想定外の事件〟と遭遇し、もう気が動転し、慌ててしまって冷静ではありません。

何を言っても耳に届きそうにありませんので、返答できませんでした。これは、料理長や他のスタッフも出勤してから説明しようと心を決め、開店準備を進めることにしました。

一方、おばちゃんは「専務になんと言って報告しよう」と思案に暮れている様子です。この一週間の勤務振りを見て、「生真面目そうで、動きは機敏、よく働く若者が来てくれたものだ」と評価してくれたものの、「まさかこんな不始末をしでかすとは……。まったく困ったもんだ、困ったもんだ」と、ブツブツ言い続けるばかりでした。

その後、順次スタッフが出勤してきました。その度におばちゃんの〝プレゼンテーション〟が行われます。料理長が来て、オーナー専務が見えたところで、初めて私が口を開きました。

「昨日の定休日に、厨房に入らせてもらって、店で前日まで使用していたすべての鍋を、磨かせていただきました。おばちゃんを大変驚かせてしまい、スミマセンでした」

この想定外の事件の顚末は、その後の転回を生むことになりました。〝とんでもない奴〟が〝とてつもない若者〟に、職場での評価がひっくり返ってしまったのです。

次の定休日には、四枚扉の冷蔵庫を洗いました。冷蔵庫は調理師にとって大切な金庫です。まずは中の木製スノコを取り出して、クレンザーをつけて束子でゴシゴシ洗い、その後は屋外に持ち出して日光消毒です。冷蔵庫の中もスポンジ束子で衛生的に清潔に洗います。外見も見違えるほどにピカピカに仕上げました。もう厨房内での評価は〝鰻登り〟です。

また、毎夜、閉店後に厨房で一人鍋洗い、掃除をこまめにしている私に目を留めてくれたのは、大概毎日、最後に帰途につく仲居さんたちでした。「今度、松和会からきた調理の若い人、まぁたまげるぐらいによく働く人だが」とか、「長い間、仲居しているけど、板場さんが毎日一人で夜遅くまで、掃除・あと片づけをしているなんて見たことがないわ」——そんな仲居さんたちの噂が店中に広がりはじめ、専務から社長の耳にも届くことになったのでしょう。

社長が従業員に給料を手渡しに来てくれた際、私に自前のマンションの空き部屋を提供すると言ってくれたのです。何と築一年の真新しい三ＤＫの部屋を、臨時雇いの私に無償で貸してくれると言って、部屋の鍵を渡してくれたのです。

社長としては、「臨時雇いのつもりだったが、運よく働き者の真面目な若者が来てくれたもんだ。この上は、是非長く働いてもらおう」と考えたのだと思います。お陰でやっと、前のお店に置きっぱなしだった荷物の運び入れ先が決まり、気がかりだったことが解消しました。お店の小部屋に寝泊りする暮らしにも、終止符を打つことができました。

その晩から、上野動物園の裏門に面した、真新しいマンションの二階の角部屋が私の寝床となりました。今日からは銭湯に行かなくても、朝晩シャワーを浴びることが可能です。広い部屋の青い畳のいい匂いに包まれて就寝することができます。とてもありがたい境遇になり、母の口癖「お天道様（神さま）が見ているんだが」というお念仏のような声が蘇ってきました。両親や家族が暮らす郷里の方角に向かって、合掌し深く頭を垂れた、忘れられない感謝の晩でした。

さらには、私を紹介した会の事務員が毎月、賛助店会費の集金に来店します。その度ごとに、仲居さんたちが「あんなによく働く若い人は初めてです」と褒めそやしてくれるものですから、事務員だって気分の悪いはずがありません。事務所に帰って西宮会長にそのことを伝えてくれたのだと思います。三ヵ月が経過した頃、西宮会長が突然、私を訪ねてきてくれました。

「おお、よく頑張っているらしいじゃないか」

そう褒めてくれる師匠の笑顔が、懐かしかったです。学校の生徒時代によく喫茶店に誘ってくださって、いろいろと教え諭してくれた頃の西宮先生の笑顔に久しぶりに再会できたような、とても心温まる気持ちになりました。

約三ヵ月〝百日修業〟が成就したような充実感があり、腐らずに、諦めずに、投げ出さずに頑張って、本当によかったとしみじみ感じました。

師匠は「いま、君にとって勉強になる割烹店を探しているからな。もう少しここで頑張っていろよ」と言ってくださり、日本料理全般を学び、料亭や割烹と称される舞台で活躍ができる〝会席料理人〟となるための修業に、希望の光が射してきたという印象でした。

お店の皆さんに可愛がられ、大切に遇していただいているありがたさに、しみじみ感謝している自分がいるものの、同年代の調理師に後れを取ることに、すごく大きな恐怖心を感じている自分もいます。「このまま、この店の温かさ、居心地の良さに甘え、居候暮らしが永くなったら、夢に描いた〝会席の料理人〟にはなれない。師匠の役に立つような存在にもなれない。そうなれば、必ずや後悔することになる。ここは通過点の一つだ。そろそろ新天地へと挑まなければ雄飛はできないぞ。それでもお前はいいのか」——自分の心の内なる声が、執拗に囁きかけてきます。

もうすぐ六ヵ月間になろうとしている九月、残暑のなかにも吹く風に秋の気配が感じられる頃に、会の事務所に西宮先生をお訪ねし、率直な気持ちをお伝えしました。先生は、私がそろそろ痺れを切らして言ってくる頃だろうと予想していたようでした。「いま、リゾートホテルの東京店が開業準備に入っている。新装になったら、その店に君を〝煮方〟として回す予定だからな」と、西宮先生が言ってくださいました。

修業最初の店は四年勤めて、誤解から生じた事態とは言え、結果的には〝解雇退職〟という憂き目に遭うという切なく哀しい体験をしました。次の店では、わずか半年の勤務でしたが、社長さん、奥様、そして息子さん（専務）をはじめ、厨房の方々、接客の仲居さん皆さんから「ご縁があったら、きっと戻ってきてね。いつでも待っているから」と温かい言葉をいただいて、誠に惜しまれての〝自主退職〟――。

その後、既に三十年以上が経過しているにもかかわらず、いつお訪ねしても、あの日見送ってくれたときと同じように温かく親切に接していただき、人情の厚さを味わわせてくださいます。たとえわずかな期間のご縁でも、とにかく真摯に誠実に働くことの大切さを、いつでも再認識させてくれるとてもありがたいお店です。

惜しまれながらも、切りよく半年間で辞めましたので、新しいお店の勤務開始の十月まで二ヵ月近く間があきました。遊んでいてもつまりません。折角の機会です。この時ならではの有意義な経験をしようと思いました。師匠にお願いして、職人のアルバイトとも言える短期間の「助《すけ》仕事」（業界用語で臨時雇いのこと）を紹介してもらうことにしました。

熱海・網代で「活魚民宿」という看板を掲げた旅館が大変忙しく、長期間の〝助〟が欲しいという依頼がきているということで、紹介状を書いてもらいました。その時の紹介状には、「右の者、日給二万円」という金額になっていました。

その当時の相場は「職人手間」といって、一人前の職人と認められている調理師の日当は二万円と聞いていましたから、私は驚きました。師匠から「お前を、一人前の職人と見なす」とお墨付きをもらったようで、ジワジワと嬉しさが湧き上がってきたことを思い出します。

早速に庖丁バッグと下着の替えだけ持って、網代の旅館に出向くため電車に乗りました。二ヵ月間だけという約束で派遣されましたが、これが意外な展開になりました。

その旅館は、漁師の網元の社長が経営していて、社長の奥様がお女将さんとして采配を振るっていました。私はいつもの流儀で、厨房に一番乗りで働くスタイルです。限られた期間ということもあり、一所懸命に働きました。

料理長さんから、「さすがに西宮会長さんのところの若い衆だけあってすごい、ありがたい、助かる」と手放しの高評価をいただきました。嬉しくなって、さらに夢中で働いていると、たちまちのうちに一ヵ月が経ち給料日になりました。

女将さんに呼ばれて「お帳場」に出向きました。

「上神田さん、松和会からは二ヵ月間の〝臨時〟というふうに伺っていますが、ぜひ〝ハマリ(正規雇用)〟になってもらえませんか？　もちろん、待遇についてもあなたの希望に沿うかたちでちゃんとしますから、考えてみてくださいね」

女将さんは続けて、「ここ網代はね、年中気候もいいし、空気も食べ物も美味しいいし、ここでずっと働いてくれるようなら、いいお嫁さんも世話してあげたいと思うし、家も用意してあげます」とおっしゃってくれました。

そんなことまで言って慰留してくれましたが、約束の二ヵ月間の臨時を終え、皆さんに惜しまれながら、東京に戻ってきました。私の目標、目指すところは、一流の〝会席料理人〟と評される〝実力者〟になること。師匠の高門弟として認めてもらえるような存在になるための修業は、これからが肝心な時期に入ります。

こうしてわずか一年足らずの間に、〝クビ〟になった体験と、〝惜しまれて辞める〟という両方を経験。ある意味では〝両極端〟の貴重な体験をさせてもらいました。

この経験から学んだことは、ご縁があって勤めたお店は〝惜しまれて辞める〟に限るということです。そうじゃないと、歩む人生の道の幅が広がっていきません。

さて、そのためには勤めはじめたときから〝いつ辞めてもいい〟という覚悟を持つ、即ち辞める時のことを考えて日々真摯に働くことだと思います。

これなら、能力の乏しい私にもできる努力の方法であり、このことに尽きると思いました。生涯にわたってそういう人生を歩もうと、あらためて強く誓うきっかけとなった実体験からの学び、〝活学〟とも言えるものでした。

料理人は庖丁だけを持って、命じられた板場に赴き、果たすべき任務を遂行する。その上で、「待遇は、私の働きを見て決めてください」と相手に委ねる。しかし、それは逆に、〝いつでも辞める自由〟を持っているということでもあるのです。ただし、辞めるときは〝惜しまれながら辞める〟――それが職人の矜持、プライドだと、私は考えます。

コラム

料理の仕立て方〈三〉

◆長月（九月）の風韻――秋風爽やか

遠い昔から日本人はお月様を尊び敬って、芋名月とか栗名月、豆名月などとお供えものの名を冠して祭りました。

お月見料理の趣向には、うさぎ・臼・杵・秋草・小芋・枝豆などに団子と名月が登場します。

秋の七草を壺に刺し、野の幸、山の幸を供え、団子は十二個（うるう年は、十三個）を土器に盛り、三宝にのせて供え、瓶子《へいじ》に清酒を詰め、稲の実りと諸々の願いを込めました。

九月九日は、五節句のひとつ「重陽の節句」です。風流、風雅をこよなく愛する日本人の心が伝えてきた食文化を誇りに思う気持ちを料理に表したいと思うあまりに、写実的な見立て料理、細工料理になり過ぎないように、自身に自戒をこめたいと思います。

昔から料理や御菓子を物のかたちにする時に「光琳《こうりん》以上の写実になってはならない」と言われています。一筆で扁平な円を描き中央よりやや上よりに一点を打って、後世いろいろなものに応用される有名な光琳菊、このような光琳の簡略な筆が食べ物の写実の限界点であることを教えてくれます。

利休居士の百首に「稽古とは一より習いて十を知り、十よりかえるもとの一」とあります。真からそのことが理解できるためには、若さと勉強不足の未熟さ故の限界点越えも、あえて修行の通過点だと果敢に取り組んでみることも全くの無駄ではなく、むしろ真髄を極めるためには必要な廻り道かもしれません。あまりに若いうちから、聴いたとおりの教わったと同じに、訳知り顔の「若年寄り臭い」枯れたように見える料理はお客様の心に響くとは思えません。

ただただお客様に喜んでもらいたい、そのことだけを心掛けて料理し続けたら、失敗の中から智慧が授かり、そしてお客様が導いてくださる、そんな気がします。

◆神無月（十月）の風韻――黄熟うれし

茶道や俳句の道では、質素でもの静かな趣を侘びと言い、利休居士の師、武野紹鷗《じょうおう》の侘びの文には「正直に慎み深く、おごらぬ様を侘びと言う……」とあり、足るを知る心にも通じるものだと思います。

茶道のほうでは「名残りの茶事」と言って、十月いっぱいで風蘆をしまって十一月から蘆になりますので、その風蘆に対しての名残りという意味と、初夏から始まって十月に終わる夏の風情に対しての名残りという惜別の意味も含みます。決して華やかであってはならず、丁度いぶし銀の美しさ、名残りの茶事の味は老巧な趣味人のものでして秋の哀れ

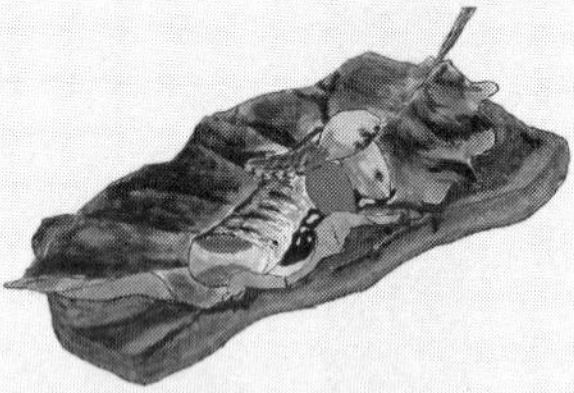

無常感を覚える風情の美を求め、侘び寂びに徹した趣向を凝らす、その道の方々にとって大変に興味深いものだそうです。会席料理も茶道の精神に準じて、万事にわたって控えめにしっとりと秋にふさわしい料理に仕立てたいと思います。

野趣があって素朴な料理、味ももちろん大切ですが、名残りの風情を添えて喜ぶのですから普通に旨いという意味ではなくて、献立の取り合わせの余情にそこはかとなく哀愁が漂っているようでなければと思います。

農耕民族の我々の祖先は、秋の収穫の歓びと、感謝のこころを秋祭りに込めて伝承してきました。祭りばやしの太鼓や笛の音が、歓びの豊作協奏曲となって聞こえてきそうです。食欲もすすむよい気候ですし、食材市場には秋の味覚、山の幸、海の幸が種類も豊富に

出揃ってきますので、料理のしがいのある季節です。役者が揃ったら、演出家は楽しくてしょうがないと言います。あの料理も作りたい、この料理も召し上がっていただきたいと、いろいろの料理献立が、あたかも泉が湧くごとく、頭の中に浮かんできます。

食卓の演出家たる料理人にとっても、創作ごころ踊る秋です。

◆霜月（十一月）の風韻――冬隣《ふゆどなり》

秋の紅葉前線は北海道に始まり十和田湖、日光、鬼怒川、箱根そして京都の高雄や嵐山へと各地の紅葉の名所を、まさに錦秋色に染め上げながら南下を続けます。日本の秋の紅葉がことのほか美しいのは、カエデ類、ウルシ類、シャクナゲ類などの紅葉する植物が多いことが、関係していると聞いたことがあります。

紅い色調に仕上げた料理に冠せる料理名の「竜田揚げ」や「龍田焼」などは、奈良県生駒郡竜田川渓谷の紅葉が格別に美しいことから、洒落た感覚の誰かが、付けたのが始まりだろうと思われますが、日本料理の料理名の粋で楽しいところです。

また、特に夜寒の厳しいところほど紅色、黄色が鮮やかで美しいと聞きます。厳しい修行を経た末に身につく、鮮やかな包丁捌《さば》きにも通じるように感じます。自然の教えなのでしょう。

朝霜が降りると、行く秋を惜しむ気持ちと、冬の訪れの近いことを知らされ、なにか覚悟して身構える思いがします。

茶道では十一月が「口切りの茶事」、つまり正月にたとえられるそうです。会席料理にもどこか華やいだ雰囲気を織り込みたいものです。自然の営みで鰤《ぶり》・鮭・鯖・あんこうなどの魚介類、鳥獣類は越冬に備えて脂肪をのせて美味しく濃味になり、大根・蕪・里芋類にさつま芋が旬の美味しさを迎えますし、何と言っても日本料理、懐石料理を象徴する食材と言ってもいい柚子が黄金に大きく完熟し出盛ります。食卓に登場すると季節の恵みに感謝せずにはいられません。

各地の紅葉名所は錦秋《きんしゅう》の眺めも束の間、暦の上で「立冬」を迎える頃には北国からは初霜、初雪の便りも届く頃です。

山茶花が咲き、金木犀が香るこの時期には、料理にも温かさ、とにかく熱いことが何よりのもてなしでありご馳走であることを肝に命じて献立しましょう。

第4章

悩ませてくれるって〝神の寵愛〟

挫折のない人生なんてない

調理師学校を晴れて卒業し、どこかの会社やお店にご縁をいただいて、めでたく就職できたにもかかわらず、わずか二、三ヵ月で辞めてしまう人がいます。

辞めた理由を聞くと、「自分の考えていたのとは違いました」とたいていの者が答えます。

そもそも〝自分の考え〟っていいますが、その考えていたという内容を問いたくなります。

調理師になる前に、社会人となるための心構えがなかったんじゃないのか？

社会人になると、誰にも漏れなく、必ず訪れる難儀に立ち向かう覚悟が、明らかに欠如していたんじゃないのか？

実は何も〝真剣には考えていなかった〟のではないかと、辛辣に指摘したくなるぐらいです。

それはただの言い訳、甘えた心の反映にすぎません。

無風の温室栽培的環境の調理師専門学校から、心構えと覚悟の欠如した状態で職場に赴き、少し強い社会の風に当たり、いとも簡単に〝尻尾を巻いて逃げた〟だけの構図です。職業人となることが、社会人になることであり、大人になることなのですから、自ら「まだ子供です」と証明したようなものです。ましてや職業学校の卒業生としては何を考え、何を学んできたのか？――と〝大きな喝〟を入れてあげたい気分です。自身の将来についてはもちろんですし、未来を担う若者としては、情けない、頼りない、心配なことですし、とても恥ずかしい限りです。

〝三日・三ヵ月・三年〟という時間軸を示して、古人は辛抱・忍耐の目安を教えてくれていま す。誰にでもそれぞれに〝壁にぶつかった〟と感じる精神的難儀が降りかかってきます。その難儀の強弱は、己の精神力の強度によって感じ方が違い、向かい方も違ってくるように思います。

とても意地の悪いと感じる先輩が、必ず現れます。一所懸命になって誠実に取り組んでいるはずなのに、なぜか〝難クセ〟をつけられます。何かにつけ、いじめられます。

あるいは、口先だけ達者な奴と感じる同期入社の同僚が、先輩や上司に上手く取り入って優遇され、えこひいきされている、と思う場面にも何度も出くわすものです。

こんな先輩や上司の元で、こんな社風の店で、このままずっと働き続けることに意味があるのだろうか、後悔することにならないだろうか、無意味な時を過ごすことにならないだろうかと悩んだ末に、挫折する場合もあるでしょう。私も人後に落ちず、幾度も難儀に遭遇しました。

しかし、ここが肝心なのです。そういう難儀にあったときこそ、その人の真価が問われるときだと言えます。先輩や上司の仕打ちが理不尽であっても、あなたが腐ることなく、分を忘れず、素直な気持ちで、謙虚に真摯に仕事に取り組み続けることができれば、必ず天が見ています、誰かの眼を通して、天が決して見逃すことなく、見届けてくれています。

料理人の場合で言えば、少なくとも〝厨房の神様〟だけは見ています。私自身も、あのときいじけて、挫折して、ふてくされて、果たすべき仕事に背を向けていたら、「天は救ってはくれなかった」と、幾度もあとで思わされてきました。

仕事を放り投げたら、そこで成長は止まってしまい、自分で自分の進む道の扉を閉ざす結果になってしまいます。苦しくても、お天道様が見ていてくれると大きな安心を感じて、そこで踏ん張ってみることです。

「越えられない難儀は決してない」と、古人は教えてくれています。ですから、素直に受けて歩を進めると、フッと霧が晴れるように難儀な状態から抜け出せます。そうすると、また幾度もかたちを変え、役者を代えて同じような状態に立たされても、経験が物を言い、今度は容易にそこから自力で抜けることができるようになります。

私自身を例にとれば、〝クビ〟になった理由もわからず、人間不信に陥って、上野駅から電車に乗って郷里の岩手へ帰りたい心境に追い込まれましたが、そこで諦め、見切りをつけて帰郷してしまっていれば、料理人としての私の人生は終わっていたでしょう。当時を思い出しつつ考えてみると、それは天に与えられた試練だったと思います。

その後も、いろいろな局面で試練が与えられ、その度に逃げずに果敢に前進する自分が形成されていったように思います。他人様より人間学のトレーニングメニューが多めに用意されていたように感じます。逆に言えば、私は天から可愛がられた、特段の〝寵愛《ちょうあい》〟を受けたような気さえします。

何か大きな仕事を成し遂げた人の自叙伝を読んでみてください。「挫折のない人生はない」のだと思わせてくれます。試練を与えられ、それを乗り越えるたびに人は大きく成長します。どの人も、必ず壁にぶつかって悩み、挫折しては這い上がり、それをバネにして精進し続け、やがて成功の果実を得ている、幸せを手にしているのです。

まだ経験の浅い若いときほど、立ちはだかる壁は高く感じ、どうしても越えられないと悩み苦しむものですが、越えようとすることばかりにこだわらず、壁の向こう側に抜ける〝秘密の扉〟があるかもしれないと、心のフットワークを使って、視点を変えて見る。〝鷹の眼、蟻の眼〟の軽やかな思考で見てみると、必ずや暗いトンネルを抜ける明かりが見えてくるものです。

逆境は栄養源、食べて成長する

二〇二〇年には東京オリンピック・パラリンピックが開催されます。世界中のトップアスリートが競うオリンピックを見る楽しみもさることながら、パラリンピックは特段の感激と感動を与えてくれるシーンが多いものです。

先天的な障害をかかえた選手のほか、病気やケガで障害者になりながら、それを克服し活躍するアスリートの姿には、本当に心を打たれずにはいられません。車椅子の、あるパラリンピック・メダリストが「自分は障害者にならなければ、ごく平凡な一生を送っていたと思う。障害者という試練を与えられたことに感謝している」という趣旨の発言をしているのを聞き、胸が震えるほど感動したものです。

その人はいわば、逆境を心の栄養源にし、それを素直に感謝して食べて成長したと言えるでしょう。スポーツ選手に限らずどの分野でも、逆境に屈せず、むしろプラスにして何事かを成し遂げた人たちがいます。そういった人間の限りない可能性を体現しているような人たちは、我々に限りない勇気と感動をプレゼントしてくれます。

私自身の話に戻りますが、高校生になってからは実家を離れ自炊生活がはじまりました。それと同じくして牛乳配達のアルバイトをはじめました。早朝五時から牛乳瓶などの飲料を積み込んだ重たい配達自転車を走らせる仕事です。小学校・中学校でやった新聞配達に比べたら手間賃が十倍ぐらい高収入のアルバイトでしたので、部活や仲間との交際費にとても助かりました。手間賃が高い仕事は、それに見合ったキツさが付き物です、夏の暑さ、冬の寒さ、自然もしっかり鍛えてくれるものです。

配達を終える午前七時頃には、部活の朝練に通う生徒たちともすれ違います。「あいつら恵まれていていいなぁ。こっちは貧乏高校生、早朝眠い眼をこすりながら、真夏の酷暑に汗をかきかき、真冬の厳冬（マイナス十度）に鼻水垂らしながら、頑張って稼いでいるのに……」と、すぐに妬む、羨むという醜い心が持ち上がります。置かれた境遇を悔しいと思いながらも、手間賃（月、約三千円）にすがる思いで、卒業までの三年間続けられました。

部活といえば、高校二年生のとき、硬式野球部に入りました。大学進学を考えていなかった私は、何か青春をぶつけるものを探している状態でした。そんなとき、「どうして彼らはあんなに夢中で白球を追いかけているのだろう」という好奇心もあって、放課後いつも野球部の練習を見ていたのです。その夏、大学生監督として指揮を執っていたOB選手が「お前、そんなに野球好きなら、入部すればいいじゃないか」と声をかけてくれました。観戦は大好きですが、選手としての経験はまったくありません、体格的にも劣っていることもあり尻込みする私に、「マネージャーとしてやればいいじゃないか」と熱心に誘ってくれ、想定外の野球部入部が決まりました。

そのOB選手は岩手県出身者として初めて東都大学リーグの首位打者を獲得したばかり、高校時代も三試合連続ホームランの記録をつくった憧れの伝説の人でした。

監督は、現役の大学野球選手でしたので、選手たちがランニングやキャッチボールの練習をしている間に、マネージャーの私を使って、トスバッティングの練習を欠かしませんでした。野球未経験の私は、監督の指示に従い、必死にトスボールを上げます。その際のスイングの速さ、鋭さといったら、もう怖いほどでした。何球か続けて打っているうち、私の顔に血が飛んでくることがありました。監督は右投げ左打ちの強打者です。握力も半端なしの強さです。バットスイングの際の圧力によって、親指の皮膚が切れ、そこから出た血が私の顔面に飛んできたのでした。

怯えた表情の私に「おーっ、血が飛んだか。すまん、すまん」と言いながら練習を続けます。私は震えました、一つの道（求道）に徹する人の取り組み姿勢のもの凄さを直に見た、初めての経験でした。狭い視野しか持っていなかった私にとって、広い視野を意識させてくれた、かけがえのない貴重な体験となりました。

この監督のもとで〝甲子園出場を目指したい〟という本気モードが漂うなかでの野球部活動は、とても楽しく充実感がありました。マネージャーの私も、選手たちと共に毎日遅くまで練習のサポートに明け暮れました。そんな高校生活は懐かしくも誇らしい思い出です。

私は早朝の牛乳配達を終えて登校し、授業を受け、放課後にはすぐに部室で運動着に着替え、監督・部長先生の指示を仰ぎ、グランドへ行き選手たちに伝言。その後は、選手たちの練習を夜八時過ぎまでサポートし、部室を最終点検して下校という毎日です。

自炊生活のアパートの部屋に帰るのは、だいたい午後九時前後、すぐに閉店に間に合うように急ぎ銭湯に行き、それから晩飯の用意です。その後は洗濯もあります。寝床に就けるのは午前〇時を過ぎます。深夜一時過ぎになることもザラです。

眠たい盛りの年齢ですが、早朝の牛乳配達があり五時には起床しなければなりません。したがって睡眠時間は四時間、多くて五時間しか取れない日々です。睡眠不足分を補う策は、不遜ではありますが授業中しかないわけです。当然ながら成績はどんどん下がり、ついには普通科百五十名中の最下位まで落ちましたが、私は生意気にも、それでも仕方ないと考えていました。

「心と身体の双方ともに鍛えられるもの」を探し求めていた自分が〝これだ〟と見つけた野球部部活動――そのためなら、他のものはすべて犠牲にしてもいい……。そんな思いで臨んだ三年生の夏、いよいよ最後となる甲子園大会の県予選一回戦です。県北の雄と讃えられ、強豪校として優勝候補の一角に挙げられて挑んだ大会でした。

結果は残念ながら、〇対一の僅差での初戦負け。監督、選手、応援団、後援会の誰もが予想だにしなかった一回戦敗退でした。選手たちは悔し涙にむせびながらグランドにへたり込み、応援団も残念無念のもらい泣き、先輩や後援会の皆さんは信じがたい事実を受け入れたくないという苦渋の表情です。マネージャーの私も茫然自失の状態で、眼から涙が滝のように流れっぱなしでした。

〝すべてを犠牲にして〟打ち込んだ結果が、惜敗とはいえ惨めな一回戦敗退です。痛恨の極み、〝敗者の惨めさ〟を痛いほど味わわされた記憶です。四十七年たった今でも、その光景は鮮明に覚えています。

この上は、社会人になった暁には、決して〝敗者〟にはならないと、自分に言い聞かせました。たとえ努力はほとんど同じだとしても、結果の違いで、雲泥の差がついてしまう。それまで、これほどまでに臍《ほぞ》を噛む悔しさを強く深く味わったことはありませんでした。

それでもチームメイトを観察すると、精神的に立ち直って残された高校生活に取り組んでいる様子でした。進学のため学業に精を出す者、後輩たちの練習のサポートに汗する者、彼女との交際に熱心になっている者などなど。しかしながら私は、どうしても諦めが悪いのです。どうしてこんなにも悔しさが尾を引くのだろうか、と自問自答したものです。

チームメイトだった選手たちは、子供時分からスーパー野球少年です、地域でも特別秀でた選手経歴の持ち主ばかりでした。ホームランも打った、中学校では県で優勝した、ノーヒットノーランの記録を作ったなどなど、それぞれに栄光も味わっていたのでした。不運にも高校最後の試合では結果を残せなかったけれども、自分の野球史にはそれなりに誇れる輝かしい想い出を持っているのでした。だから、一時的な暗がりから脱出することができていたように感じます。

しかし、私には何一つ自慢できるネタ、誇れる経歴がありません。学習成績はビリ、授業中は居眠り常習犯、その果てにクラブ活動も期待を裏切る初戦敗退です。これはもう、慰めようもありません。いまだに悔しさを思い出しては〝唇を噛んでいる〟自分がいます。俺の甲子園は〝まだ終わっていない〟と言い聞かせる自分がいます。

その後、調理師を目指した私にとっては、「この悔しさの体験が〝板場修業の辛さ、厳しさ〟に耐えることができた大きな要因の一つになったなぁ」と、述懐するときがあります。「天は、何かをさせるために、必ず事前の訓練を施す」と言われますが、十七歳の私の胸に深く刻まれたあの悔しさは、その後に目指した料理人人生を泳ぎ切るために必要な、〝天からの試練・鍛錬〟だったのだと思えるようになりました。そしてそれが、何ものにも代えがたい無形の財産になっていることに気づくことになりました。

スランプはチャンス、悩み抜いた果てに

「志を遂げずんば、二度とこの地を踏まず」と誓って生まれ故郷の会津をあとにしたあの偉人・野口英世翁にあやかりたいと、大それた考えを持って上京し、「日本一の料理人になる」

と威勢のよい夢を抱き、勇んで板前修業に踏みだして七年目のことです。調理師人生最大の危機と大袈裟に表現したいほどの、精神的大スランプに陥りました。

「人生山あり、谷あり」といいますが、私のなかでは生涯でもっとも深く陥ったスランプでした。抜け出そうと、あがけばあがくほど深みにはまっていく感覚で、まさに蟻地獄の状況でした。いま思い返しても本当に苦しい体験でした。

前述した最初の割烹店、次の鰻とてんぷら屋、そして伊豆の旅館と経験を積んだあと、四店目となる〝板場修業〟です。蓼科にある老舗リゾートホテル直営の東京店である日本料理レストランに煮方として派遣されたとき、二十七歳になっていました。

少し経験も積んで、親方の次の次的な立場で後輩たちも六人いたので、仕事の責任も増します。それに伴い、給料も五年前の最初の手間から見たら三倍に上がりました。

年頃です。恋がしたい。彼女が欲しくなります。年齢的にも近くて可愛い、職場の女性に恋してしまったのです。ところが、彼女にはつき合っている男性がいたのです。大学出の彼は、本社からも将来の幹部候補として期待されている副店長です。

恋敵がいると、よけい恋心が募ってきますが、いくら好きになっても、私に勝ち目はありません。向こうは大卒のエリート社員、こっちは派遣の板前稼業、先の見通しもいまだ立っていません。

醜い嫉妬心が高じ、自分の出生・運命を呪いたくなりました。「どうして俺は、あんな貧乏な家庭に生まれたのか……」「もし、社長の息子に生まれていれば……」とか、「会長（師匠）の息子だったら……」と。そうであれば、こうして毎日朝から晩まで厨房に立ちっぱなしで、手は荒れてヒビ割れだらけにもならず、恋い焦がれる彼女の気持ちを射止めて、毎日デートを楽しんでいただろうに、というわけです。もう醜い黒いヘドロのようなドロドロの心が、腹の中をひと時の絶え間もなく占拠し続けます。

高い志を立て、強い決意をもって郷里をあとにしたはずの、あの自分はどこかへ消え失せ、醜さと恥ずかしさの堂々めぐりに陥ってしまったのです。それまで職場の周囲の皆さんから、「さすがに会長さんの紹介の人は違う」と褒められるばかりでしたから、自分だけに見える恥ずかしいほどの醜い心模様に、もう自己嫌悪です。誰にも会いたくない。この場から消えてしまいたい。いっそ人間をやめてしまいたい、と思うような心の迷走、蟻地獄でした。

そんな状態が数ヵ月も続いたでしょうか、飲食店ならではの年の瀬の繁忙期を迎えた頃でした。いつもの堂々めぐりから脱け出ているというよりも、考える暇なく忘れていたことにふと気づいたのです。余計な邪念を祓《はら》ってくれたのは、待ったなしの〝忙しさ〟でした。任務に忙殺されていたからこそそのお陰でした。

そして思ったのは、それまでの自分は〝一流の料理人〟になることは、〝一流の技能を修得すること〟だとばかり考えていたが、さてその前に人としてどこへ向かっていくのか、どこを目指して生きていけばいいのか、そんな人間学というか、哲学的なことを真剣に深く考えてこなかったということでした。

厨房には技術的な学びの種がいっぱい蒔かれており、それを自ら積極的に拾うようにして学んではきましたが、一日の大半を厨房で過ごし、料理長をはじめ限られた料理スタッフたちだけの狭い世界にいると、自分の考えや視野も知らない間に狭くなってしまいます。

生涯の師と定めて師事する西宮先生（師匠）ですが、すでに現場の料理長ではありません。六百名もの料理人が所属する調理師会を率いる会長職です。最後の直弟子として、特別に目をかけてもらってはいましたが、同じ厨房に立って直に導いてもらうわけにはいきません。

二十七歳の自分は、年齢的にはあと数年もすれば〝修業〟を卒業するということになって、どこかのお店の料理長になれるかもしれない段階まできています。当然、そのときの私の技術的なレベルに合ったお店を紹介されるわけですから、さほど心配はいらないようなものですが、しかしこの精神的未熟さのままでは、とてもとても部下（若い衆）を持つ資格などありません。第一、上司を選べない部下がかわいそうですし、その子の将来への影響を考えると、誠にお気の毒であり申し訳ない気持ちになってしまいます。

そうして考え悩んだ末に、とにかく〝独立自尊〟の構え、そのための独学の覚悟として、先人・偉人の本を読み、書物を通して偉人・哲人と評された人物の生き方を学ぼうと思いいたりました。

しかし、料理関連の本は読んでいましたが、過去に人生哲学に関する書物を一冊も読んだことがありません。藁をも摑みたい心境でした。こうして私は、揺るぎない不動の自己を確立しようと切実に考え出したのでした。

とは言え、読書の手ほどきをしてくれそうな人が周囲にはいません。書店に入って手当たり次第の状態で、ビジネス本、人生修養本、自己啓発本など、背表紙の言葉に惹かれたものを片っ端から購入し、電車の通勤時間を利用し、貪るような気持ちで読むようにしました。

そこには、大変な人生の苦境に立たされ、悩みに悩んだあげく、それでも諦めずに、投げ出すことなく立ち上がり、自ら起業し遂には成功にたどり着いた先人たちの生き様が描かれていました。

料理人の先人・先輩の方々にしか興味を抱かなかった自分には、どの本も刺激的でした。さまざまな業界の方々が、一度切りの人生をいかに意義深く生ききったかという、誠実で熱き想い、真摯な姿勢というものが皆一様に共通しているように感じました。

そして手当たり次第に読んでいくうち、どの著者にも必ず「影響を受けた師があり、影響を受けた書があり、心に抱く座右の銘がある」ということがわかってきました。そうなると、その本を読みたくなり、手繰るように買い求めていった先に出会ったのが、昭和の碩学《せきがく》と謳われた東洋学の泰斗・安岡正篤先生の著書の数々でした。歴史・思想・教育・政治・経済など、さまざまな業界でリーダーと称された名士たちが教えを乞い、多大な影響を与え続け、精神的支柱とさえなっていたという事実を知り、すっかり〝安岡教学〟に心酔していきました。

安岡先生は陽明学者・思想家として有名な方で、吉田茂首相をはじめ歴代首相が師として仰いだことでも知られています。また教育者として多くの名言を残しておられます。

たとえば——。

「人間は学び続けなければならない。学ぶことをやめたら、人間でなくなる」

「自己と仕事が分裂していてはダメ。仕事に打ち込んでいくと、自分の対象である仕事は、自己と一つになることによって精神化される。そうすると、どんどん物事が解決していく」

「人間なにが悩みかというと、自分が自分を知らざることである。人を論じたり、世を論じたりすることはやさしいが、自分を論じ、自分を知るということは、実はこれが一番大事であるにかかわらず、なかなか難しいことである。人間は、先ず自分を責むべきであって、世の中や時代を責むべきではない」

これら珠玉の言葉の数々に触れ、日本人であることに誇りを感じ、その誇るべき民族の血が我が両親を通して私自身にも受け継がれていると感じることによっての自己肯定感、悠久の歴史の流れの中で、ちっぽけではあるけれども私も確かに生きている、生かされているということに感激を覚え、心の底から感謝の気持ちが生まれてくる。その大きな感動に奮い立つ勇気が湧いてくる思いがしました。

人間学といえるこの学びは、自分の小ささからの脱皮を促すことになり、狭い了見の己を脱ぎ捨てる俠気を育むこととなったように思います。東洋思想の専門家である安岡先生の学問の源流をたどっていくと、明治維新の英傑たちに大きな影響を与えたとされる、江戸幕末期の儒学者・佐藤一斎の『言志四録』に通じること、さらにたどると中国の古典まで通じることが、おぼろげながら感じられ、人としてのあり方、人生への向かい方にたくさんの示唆を与えてくれた幸せはとてもありがたいことでした。

この人間学の学びに出会わなければ、私の料理人人生は〝チンピラ板前人生〟になったかもしれません。心の栄養剤になってくれて、人間の見方、ものの考え方などの幅と深みが少しずつ、私の身についていったことは確かだと思います。

「身体にはミルク、心にはブック」とは、人生の学び方、歩み方を平易に教え表した言葉であり、まさに言い得て妙だと思います。

悩んでいる今こそ、確実に成長している

修業日記帳の中にも、本を読むなかで感銘を受けた言葉や文章が書き写されていくようになりました。日記の中にたびたび登場する言葉もあり、たとえば中国に伝わることわざにこういうものがあります。

「盤根錯節に遭いて利器を知る」

盤根錯節というのは、樹木の曲がりくねった根や入り組んだ節のことを指します。利器は、よく切れる刃物のことです。

このことわざが意味しているのは、どうにも手に負えないほどの堅い木材、しかももっとも切りづらい根っこの部分を切ってみなければ、本当に切れる刃物かどうかは判別できないというものです。

誰しも壁にぶつかり、苦境に立たされると悩みます。そういう難儀にあったときにこそ、初めて己の真価が問われます。そして、壁や苦境にどう対処していくかを他人は見ているものです。お天道様が見ています。自分にとっての苦難は、天が与えてくれた試練なのです。

自分がよく切れる刃物、つまり利器かどうかは、若いときには実感できないものです。しか

し逆境の場面で、怯《ひる》み、逃げ出すことは自分の成長を放棄することにほかなりません。どんなに苦しくても、天が与えてくれた苦難は、自分自身にとっては成長、脱皮の機会であり、飛躍のチャンスと捉え、悩みつつも必ず乗り越える。

試練を経るごとに人は鍛えられ、乗り越えて成長していきます。本物の学びは体験からしか得ることはできないとさえ感じます。

再び同じような試練が降りかかってきても、あまり辛くは感じなくなっていくものです。私自身は本を読むことで、たくさんの疑似体験的な想いになり、自分自身の大きなスランプから抜け出すことができました。

しかし、人それぞれです、読書に限りません。魅力的な先生の講演を聴くとか、感動を与えてくれる映画を観るとか、あるいは失恋という哀しい経験や、愛する肉親の死に遭遇するという体験が、自分の心のスイッチがオンになるきっかけとなるケースだって考えられます。あるいは信頼できる先輩や友人がいれば、自分の悩みを打ち明けてもいいでしょう。

悩んでもがいた末、それまで歯が立たなかった堅い木の根っこが少し切れる。そんな瞬間を体験すればそれが励みになり、さらに堅い根っこに挑む気力が湧いてきます。こうした繰り返しを経て、人間は一人前になっていくというのが、私の実感です。

苦難福門、鬼のしごきを笑って迎え打つ

「上神田、もう二番手としての勉強は、これが最後だぞ」

そう言われ、師匠の西宮先生から派遣・配属された店が、新宿に新たに建てられた世界的なホテルチェーンのヒルトンホテル、その地下のヒルトピアというアーケード街に出店する日本料理店でした。

師匠の意向にはいつでも〝ハイ、わかりました〟の一言です。十店目となる今度の厨房での修業がいよいよ最後か、ある意味では〝卒業試験〟に臨むようなものです。

トップに立つ前、最後で最大の勝負時であることも自覚できていましたし、不撤退の覚悟で挑もうとも考えていました。

ヒルトン東京開業時は、いわゆるバブル経済がはじまる兆しの時代でした。千葉県・鴨川にある老舗リゾートホテル直営、東京レストラン事業部が展開する七店目の日本料理店で、最高峰と位置づけされた出店でしたから、会社内での意気込みも期待感も大変高いものがありました。したがって、同社の調理顧問を務めていた西宮先生も、起用する料理長の人選には大変神経を使っておられました。

そんな状況のなかで、初めて大阪の調理師会所属の〝料理長（三十六歳）〟の起用が決まり、二番手となる〝立て板（三十二歳）〟をはじめ九名の調理師を引き連れての上京です。迎える形の東京勢は〝煮方（三十二歳）〟を担う私を筆頭に八名の調理師という構成です。

厨房は、関東と関西の合計十七名の混成チームです、そのトップである料理長は、中学卒業の十五歳から板前修業に入って、二十五歳のときにはすでに割烹旅館の料理長となっていましたから、料理長歴十年を超えるキャリアがあり、〝関西若手ナンバーワン〟と自称するほどの大変な自信家でもありました。

関東と関西では料理人の風土が異なっています。「東京勢、何するものぞ」という対抗心からくる独特の関西イズムと相まって、厨房内は初めから〝ことあれば一触即発〟の緊張状態の中でのスタートとなりました。

あとで知ったことですが、関西の料理長は私が調理顧問の西宮先生の直系の秘蔵っ子であることから、店が軌道に乗った頃合いで「料理長を上神田に代えるのではないか……」という不安と疑念を抱いていたようです。そんな憂き目に遭う前に、「先に上神田を追い出そう」という思いになっていたらしいのです。

煮方として関東勢のトップだった私は、何かしら波乱を予想すると同時に、ここは何があろうと冷静に判断し、自分の感情は押し殺し、理不尽にも耐え忍んで、厨房内の協調性を維持し、店を繁盛の軌道に乗せる、師匠に迷惑がかからぬように粛々と職務を遂行しなければならないと考えました。

それまでの通算十年間、九店舗の厨房で重ねた修業の成果が試されるわけです。調理の技術だけでなく、人としても試されます。西宮先生はそこまでお考えになり、あえて私を厳しい環境に起用してくれたのかもしれないと思うようにしました。

私の予想通り、関西勢は最初から喧嘩腰で挑発してきました。上司にあたる〝煮方役〟の私より部下になる二十四歳の〝脇鍋役〟が平気な顔をして二時間も遅く、しかも料理長の車に同乗して一緒に出勤、厨房に入ってくるのですから、風土の違いなどではありません。しかも、ズボンのポケットに両手を入れたままの格好で、上体を大きく揺すって「ウオッス！」と、挨拶とは言えない挑発行為です。

そして「上神田の兄さん、何かやることありまっか？」と私の顔をのぞきこむようにして言ってくるのです。下の者からそんな態度を示されたら、「ふざけやがって、この野郎！」と怒って当然の場面です。私を怒らせ、辞めさせるための挑発行為であり、料理長の指図です。

東京勢スタッフにも、仕事の進め方など何かとイチャモンをつけます。「ぬしゃ誰に、口きいとんのや」と白衣の胸倉を鷲摑みして、「このガキぁ、話つけてやるから表へ出ろ」と険悪ムード満載のいさかいを絶えず起こします。その度に、「ここで厨房の協力体制が壊れたら、料理長に対する会社の信頼が損なわれることになる。どうしても納得がいかないのなら、俺を殴れ。それで気がすむのなら」となだめる日々です。

迫っている開店を控え、厨房スタッフ全員が休日返上。一日十六時間を超える労働の日々で体力的にも消耗しているなかでの、この雰囲気です。もはや誰が先に倒れ、戦線離脱するかがスタッフ間の関心事という状態でした。

東京勢を率いる立場の私の対応を、店長を含めた店のスタッフ全員が注視しています。そんな状況下で「梅雄、短気は損気って言うんだが……」という母の声が聞こえてきたような気がしました。ここで関西勢の挑発にまんまと乗って、腹を立ててケツをまくって辞めたら、彼らの思う壺です。「なんだ。西宮さんの秘蔵っ子なんて言われてチヤホヤされていたようだけど、本場の厳しい修業には耐えきれず、たったの一ヵ月もたずに逃げ出すような奴さ、あいつは」ということにされます。

その後の料理人人生に負の十字架を背負わされ、〝負け犬〟というレッテルを貼られることになります。自分の今後の板前人生のためにも、いずれ持つことになるであろう自分の若い衆たちの名誉のためにも、「ここで追い出されるような辞め方をして、生涯にわたって舐められるわけにはいかない」と強く唇を噛み、耐え忍ぶ道を選びました。

しかも爽やかに、明るい顔で、朗らかな態度で、修業を見事に修めきろうと誓いました。

登山家がよく言うように、「頂上の手前がもっとも苦しい」。まさにここが試されどきと心して、正々堂々と真正面から正攻法で、人生を生き抜くための肥やしにして巨人となる。この苦難を、絶好の好機と捉え、〝我以外皆我師〟の教えの通り、相手に素直に教わる、学ぶという謙虚な気持ちで接し、料理長の成功のために、部下として己の誠を尽くす――〝鬼のしごきを笑って迎え打つ〟という気概で、修業の最終章に立ち向かったのでした。

「同じ庖友」である、至誠を貫けば必ず通じる

関西勢の上から目線の態度に対する関東勢の我慢・辛抱も、三ヵ月が経った頃には限界に達していました。関東勢は、私にこう訴えてきました。

「上神田さん、いつまで我慢するつもりですか。もうそろそろいいじゃないですか。やっちゃいましょうよ」

いつ訴えてくるかなと、私のなかでは腹を括っていましたから、

「調理顧問の西宮先生に迷惑がかかることだけは絶対にできない。もし仮に手を出す、喧嘩すると言うなら、もう我慢しなくていいから店を辞めていいよ。皆にはもう十分我慢させたし、お陰で随分助けてもらったよ、どうもありがとう。

俺は、彼らから学ぶことがあるうちは、簡単には辞めないよ。関西に一人修業に出ることだって考えなければいけない板前修業、我々からしたらホームである東京に、わざわざ相手が出向いて来てくれた。ありがたいご縁だから、俺は一人になっても、感謝して学ばせてもらうつもりだよ」

一人一人の目を見ながら静かに決意を語りました。私の覚悟が伝わったのでしょう。翌朝、彼らは「上神田さんがやり続けるうちは、俺たちもやります」と嬉しい言葉で答えてくれたのです。何とも愛しい生涯の〝庖友〟であり戦友たちです。

それからというもの、関西勢の挑発には乗らず、関東勢は不退転の戦闘モードに突入です。

私はというと、会社が用意してくれた社員寮（電車で所要時間四十五分）にも帰らずに、お店のお客様座席を寝床代わりに、泊まり込みの臨戦態勢です。仕込みと翌朝の準備を整え、就寝午前三時、起床午前七時、睡眠時間四時間の〝百日修業〟に入りました。

最後の修業と位置づけたこの厨房での日々が、板前稼業の人生を歩むなかで、大きな体験だったと思います。

「勝負には、恥ずかしい勝ちもあり　立派な負けもある」――喧嘩腰でハッタリをかます関西勢にしても、不安を隠すための虚勢を張っているところが感じられます。わざわざ暮らし馴れた関西から見知らぬ東京へ所帯を挙げてきたのですから、それなりの戦勝実績を築いてと、相当の決意をしてきたはずです、返り討ちにあったようにやすやすと関西に舞い戻るような、みっともないことをするわけにはいかないでしょう。

相手の立場や気持ちを思いやったときに、私の心に余裕が生まれたのです。彼らから可能な限り、関西に伝わる調理技術を素直に教わろうと考えるようにしました。「関西勢なにするものぞ。俺たちだって負けないぞ」という張り合う気持ちではなく、相手の立場や心情を思いやったときに、自分たちのほうから進んで、少し譲る気持ち、厨房で共に頑張る仲間だという心で、優しく思いやる気持ちになったのです。

相手を立てる〝四分六〟の気持ちで向かいはじめたとき、厨房スタッフの空気のなかにあった関西・関東のとげとげしい壁が和らぎ、和平協調の柔らかい、温かい微風がお店全体に吹きはじめたと感じられるようになりました。

たとえば、難しいといわれる魚のハモの扱いは、何と言っても関西の料理人が得意とするところであり、庖丁自慢の決めどころです。ハモの御造り（さしみ）を仕立てる際の湯ぶりのときです。「お前なぁ、ハモの霜降りの仕方、しっかり知っとるんか？」と、見下した感じで料理長から問われました。拙さを演じて、相手を安心させるチャンスです。

こちらは、さも自信なさげに「いや、あまり扱ったことがないので、ぜひ教えてください」と平身低頭して答えます。すると、「何や、関東のモンはハモの扱い方もよう知らんのかぁ。

どや貸してみいや」と言って、身につけた鮮やかで華麗な技を披露してくれます。

張り合う気持ちではなく、教わるという謙虚さを示したとき、相手側にも変化が生まれました。関東・関西と風土が違っていても、互いに「庖丁一本、さらしに巻いて」が生業の〝庖友〟です。お店の繁盛のために、ともに汗をかく同志として感情を共有できるようになったのです。

これが功を奏し、いざ開店を迎えると、営業時間前からお客様の行列です。百五十席の客席はすぐに満席になり、高価な昼食弁当も開店とともに即完売。その他の料理を含めると、二百名余りのお客様が連日押し寄せるという繁盛ぶりでした。

開店時刻の午前十一時半、お店全体が緊張に包まれ、凛とした空気が漂います。この昼食弁当、限定百五十個すべての料理がお膳にセットされた状態に用意されています、あとは煮方である私が、吸い物に汁をはってお出しさえすれば、接客スタッフはお客様のお席に、卓上にお届けできるという、スタートの緊迫の場面です。

「吸い地」と呼ぶ、お椀の汁の味を調えるのが煮方の任務です。しかし、料理長に確認しなければ勝手には出せません。味を決め、ゴーサインを出すのは料理長です。

「一番出し」と呼ぶ雑味のない、清らかな、香り高い吸い出汁をひき、そこへ塩、煮切り酒、醤油で慎重に味を調え、「吸い笠」と呼ぶ猪口にひとすすり分を注ぎ、その猪口を小盆にのせ、自分の息のかからない高さに両の手で持って、料理長のところへ向かいます。

「オヤジさん。吸い味、見ていただけますか」と恭《うやうや》しく差し出します。「おお、どうや上神田、旨い吸い出汁ひけたかぁ」と、料理長はマイク越しに、厨房どころか近い客席まで聞かせようとするがごとくの大きな、響き渡る声を轟かせます。店長を筆頭に全接客スタッフ、そして厨房スタッフの注目を集めておいて、おもむろに猪口を持って、口に運びます。

店長はじめ、厨房の全員が緊張の面持ちで、固唾をのんでなりゆきを見守るなか、すかさず料理長のドスの利いた、威圧するように大きな声が厨房に響き渡ります。

「何や、お前、何年板前やっとるんや、もっと爽やかな〝あたり〟持ってこんかい」

「はい、すみません」と私は恐縮して詫びを言って、もう一度味つけを確認して、料理長のところに再び味を見てもらいに持っていきます。

「何や、お前、それでも煮方か、もっと〝しんみりしたあたり〟持ってこんかい」

こんなやり取り、いわゆる〝ダメ出し〟が五回、六回と続きます。早く料理をお届けしたい接客さんたちは、ハラハラ、そしてヤキモキ・イライラしながら待っています。

ついに十回目になっていました。「おお、これでいいやないか、ようしいけ！」

まるで吠え叫ぶような、「マイクいらんでしょう」と思うぐらいの大きな声で、ようやく〝合格〟の許可を出します。

実はこれは、味の良し悪しを吟味するために長引いたのではありませんでした。「西宮顧問の秘蔵っ子と言われる上神田と、料理長の俺とでは段違いの実力差があるんやでぇ」、つまり「この厨房のボスは、俺だぞ！」と、店の者たちに強く認識させるための儀式であり、〝猿山のボス〟を誇示する大切で欠かせないパフォーマンスそのものだったのです。料理長の地位を担保するためという思いであり、同時に〝上神田を追い出す〟作戦の一環だったのでしょう。

このセレモニーは、なんと開業から一ヵ月近く続いたのです。関東勢スタッフは「毎日あんなにダメ出しされて、よくノイローゼにならないなぁ」と本気で心配してくれていたそうです。

私はそれまでに七人の親方の下で煮方を経験していて、自分の舌に「味の物差し」をすでに修得していました。したがって、初日の二回目の味見を持って行った際の、料理長の反応を見て、「ああ、これは味見ではなく、ボスを誇示する儀式だ」と直感しました。だからこそノイローゼにならずに、料理長に絶対服従しますという従順性を表現し、恭しい敬意を持して、冷静に粛々と実行できたのでした。

味を確かめてもらう猪口にしても、陶器・磁器・硝子と素材と形を替えたり、吸い出汁の温度を変えたりと、単調にダラッと長引いた印象にならぬように、工夫し変化をつけました。料理長の想いを汲み取り、立場を引き立たせ、格好をつけさせないといけません。

「人生は神の演劇」と言います。己が神からいただいた役に徹し、見事に務めきらなければなりません。

「親方、もう合格出してください」という私からの意思表示は、「輪島塗の漆盃の猪口。お客様が口にする温度の六十五度に吸い地を調え」て、お持ちしました。想いが通じていたようです。十回繰り返されていたのが、一週間で六、七回に減り、一ヵ月で一、二回になったのですから。

これは料理人同士、料理長役と煮方役の二人が火花を散らし、そして料理人同士〝阿吽の呼吸〟で目的に適った立派なお芝居に仕上げたという貴重な体験でした。役者に恵まれたという懐かしい記憶であり、人は人に揉まれて人になるという得難い体験となりました。

大切なのは、わざわざご来店いただいたお客様へお出しする料理の味です。料理人として己が確信をもって調えた味を、合点がいかないまま〝味〟をいじり変えることはできません。実は〝空切り〟といって、指示に従い直すふりだけして、私は味を一切変えなかったのです。

料理長の追い出しのための意地悪なしごきによって、逆に私が鍛えられ、人間的に著しく成長できたわけです。起きるものごとは表裏一体、己の心のあり方、降りかかる難儀への向かい方次第だなぁ、としみじみ思います。

開店から一年間余りが経過した頃、相変わらずの繁盛です。忙しい仕事の隙間を利用して、職場の忘年会が開催されました。

営業成績も上々で、本社社長からの賞賛の声が聞こえてきていました。お料理もなかなか評判が良く、「関西若手ナンバー1」を自称していた料理長の評価は、社内でも鰻登り、チェーン全店の総料理長候補として噂されるほどでした。

あの開店当時の緊張で突っ張った強面の表情はすっかり影を潜め、若きイケメンでカッコイイ、特別に腕の良い料理長さんになっていました。

お酒も入ってご機嫌だったのでしょう。私のところに来て、「俺はなぁ、東京来る前は、上神田みたいな骨のある料理人がいるとは、正直思わなかったよ」と、ねぎらいと感謝の声を掛けてくれました。追い出しのための、理不尽ないじめ、意地悪に対して、短気を起こして投げ出さずに辛抱して良かったと、しみじみ思ったものでした。

味つけに、〝甘辛い〟という表現があります。〝甘勝ち〟とも表現される味のことです。食べはじめに〝甘さ〟を感じ、そのあとから〝辛さ〟が追いかけてきて、ちょうど〝良い塩梅《あんばい》〟の味わいとなる、甘さと辛さの調味バランスが良いということです。代表的な例に、「みたらし団子のたれ」「焼き鳥のたれ」「鰻の蒲焼のたれ」などがあります。

料理人なら〝四分六〟という表現になります。みりんが六・しょうゆが四、という割りをベースに調味することです。

人生を歩む上でもっとも悩み多きテーマは、対人関係のように思いますが、この相手との向かい方も、相手が六、自分は四の〝四分六〟が円滑な対人関係を営む〝黄金比率〟だと感じます。

味つけ加減の極意が〝塩梅〟であるように、相手との関係の加減も同じく塩梅のように感じ、〝人間を料理する〟という表現を用いていた先人たちの智慧を感じるのは、料理人稼業を通して学んだ大切な理《ことわり》のように思います。

オーナー・シェフになる三つの条件

毎年入学してくる新入生に、「将来の夢」について書かせ、聴くことにしています、その半数以上の生徒が「自分の店を持ちたい」と答えます。私自身もそうでしたが、自分の店を持つ、つまりオーナー調理師を夢みている、憧れるということです。世の中に数ある職業の中でも〝独立〟するチャンスが多い、独立できる可能性の高い職業であるとも言えます。

そんな魅力的なオーナー・シェフへの道ですが、その具体的なプロセスにはいくつも昇っていかなければいけないステップがあります。調理師学校を卒業し、すぐに自分の店を出すなんて、無謀なことを考える人はそうそういないでしょう。親が料理店やレストランを経営していて、あとを継ぐために調理師学校で学んだとしても、調理の技術がすぐに通用するようなわけにはいきません。

親の元か、あるいはどこかの店で何年か経験を積み、それから継ぐということになります。

しかし、たとえ親の店を継ぐというご縁だとしても、そうそう容易ではないのです。常連客からの厳しい指摘にさらされるかもしれません。親と一緒に働いていればカバーしてもらえるでしょうが、完全に引き継ぎオーナー調理師として一本立ちすれば、評判も売り上げも、責任はすべて自分にかかってきます。

親の店を継ぐという、比較的に恵まれた場合でもそうなのですから、そういうものがなく、ゼロから自分の店を持つことは至難の業です。

私の考えでは、自分の店を持つには「三つの条件」が必要だと思います。飲食店を開業し、経営を成り立たせるための三拍子は、〝資金がある〟〝技術がある〟〝お客様がある〟――この三つの要素が揃っていたら、まず運営は上手くいくといっていいでしょう。

一つ目の〝資金がある〟についてですが、開業にあたって必要な資金もそうですし、お店が健全経営になるまでの、運転資金も必要となります。親に経済力があり、開業資金を出してくれるケースもあるでしょうが、基本的には自分で目標に向かって努力、コツコツ貯金していってその資金力に見合った規模の店からスタートし、支持をもらい、信頼を得て、徐々に発展させていくというのが大原則でしょう。

二つ目の〝技術がある〟。これは売る商品の商品力、魅力と言い換えてもいいでしょう。買う側からみて商品価値を感じてもらえる、魅力ある料理仕立てには、その裏づけとなる高い調理技術が必要です、味の良し悪しも含めてです。

三つ目の〝お客様がある〟についてですが、飲食サービス業は人気稼業のような要素もありますので、支持してくれるファンが付いている、お客様を持っているということです。お客様として売り上げを応援してくれるファンがいれば、お店の運営が上手くいくことが予想されます。魅力的な街通りとか、話題の新しいビルへの出店など、恵まれた立地に開業することも、この〝お客様がある〟に通じます。

一国一城の主である〝オーナー・シェフ〟となって、お店を繁盛させていけるタイプの人を観察してみると、「夢を見て、夢を追いかけ、夢を掴む」タイプの人であると言えます。

私の知人友人のなかにも、勤めている時分から、並外れて野心的であり、熱い野望があり、ハングリー精神の旺盛な人が多いように感じます。

組織には属さず、我が道を歩むことを選択したわけです。心身共にタフで、〝欲とふたり連れ〟ならどこまでも頑張れる、そんな逞しいタイプの人が成功しているように感じます。

お店経営では、他人を雇えば、その人たちも〝食べさせていく〟責任も背負うことになります。したがって、身体と心の両方が強靭であることが不可欠だと言えます。

「修業」を終えると卒業のない「生涯修行」に入る

若い調理師さんのなかには、「人に使われるのが嫌なんです」という人たちがいます。ただそれだけの動機でお店を持とうとするのは、とても危なっかしく、継続は無理と言わざるをえません。

自分の店を持ちたいという動機が、たとえば母子家庭で育ち、大変苦労して働いて育ててくれたお母さんを楽させたい、たくさん儲けて恩返ししたいというような、自分以外の誰かのためにという〝熱い思い〟があるのなら、思い切って独立に踏み切るのもいいと思います。独立の夢を叶えることのできるすばらしい仕事であり、素敵な職業だと思うからです。

私は、憧れの気持ちを抱けた〝生涯の師匠〟との出会いがありましたから、師匠に弟子入りして、師匠が天に召されるまでの十六年間に、なんと十一箇所ものお店で、延べにすると約二百名もの東西の調理師さんたちと厨房に立ち、働くという体験を積ませていただきました。いわゆる「板場の修業を積んだ」のでした。

日本料理の調理師が働きそうな職種はほとんど体験し、いろいろなタイプのオーナー経営者のところで働き、東西で計八人の料理長の下で修業したわけです。このことは私の心・技・体のすべてを大変鍛えてくれ、料理人人生のしっかりとした基礎となりました。そして、このありがたい経験が、その後の人生をとても豊かなものにしてくれていると実感しています。

「修業」と言いましたが、修業には卒業というものがあります。親方の下での勉強を卒業することです。晴れて一本立ちすること、料理長になるということです。つまり、憧れた〝花の板前さん〟になって部下を持つ身分になり、大変に〝モテる〟時代に入るわけですね。

しかし、料理人としての人生の歩みは、むしろそれからが本番、いわゆる〝修行〟と表現する〝生涯修行〟のはじまり、己自身の人間磨きが欠かせなくなります。

料理長になれば、厨房で部下のスタッフたちを指導することは言うまでもなく、お店の心臓部と言われる調理場のトップに上りつめたわけですから、料理のクオリティはもちろん、お店の評判評価に絶大な影響力を持つことになります。お客様への接遇やトラブル・苦情などへの対応・対処にもことのほか気を配らなくてはいけません。技術習得の〝修業〟は終えても、もっと幅広くて奥深い、終わりのない〝修行〟が待っているのです。

私が〝初板〟を踏んだ、つまり初めて料理長に起用されたのは一九八七年、三十四歳のときでした。調理師学校を出て十二年間かかりましたが、私自身としては、ほぼ立てた目標通りでした。

東京・銀座八丁目の会席料理「阿加免《おかめ》」という新規開店のお店です。オーナーは、二十六歳のときに銀行員から銀座のクラブ・ホステスに転身、三十歳でオーナーママとなってお店を持ち、四十名余りものホステスさんを抱え、銀座でも五指に数えられたほどに評判の高級クラブを、なんと二十六年間にわたって経営されてきたママさんでした。

いわば接客・接遇のプロ中のプロです。そんなママが日本料理を提供する〝女将〟に転身することになりました。

私は、女将さんが新規開店するお店の〝料理長〟として、師匠から紹介派遣されたのでした。誠に緊張の面持ちで女将さんとの面接に臨みました。

そのときの私の印象を、実の妹さん（銀座で会員制のクラブを経営）に尋ねられたそうです。「お姉さん、紹介された板前さん、どんな感じの人だったの?」。これに対して、女将さんは、「そうねぇ、笑えば損するって顔をしていたわよ」と伝えたそうです。

その後、私は、超一流の接遇のプロから、料理人は技能職・技術者ではあるけれども〝飲食サービス業でもある〟ということを、ガッチリと叩き込まれることになります。まるで〝黒船来航〟のように、十二年間で凝り固まっていた料理人稼業の意識を転換させられる、職業感覚の革命の時を迎えることになりました。

この女将さんとの出会いは、飲食サービス業を生業として歩む私にとって大きな影響を与えてくれる機会となったのでした。私はそのありがたいご縁とご恩に感謝して、「おふくろの次に影響を受けた女性のひと」と女将さんのことを評して、他人に話します。

「あとの喧嘩、先にする」という教えもあります。勤めはじめる前に、いろいろな疑問や不安を解消しておきたかったものですから、面接の際、恐縮しながらも不躾な質問を何点かぶつけました。それでも女将さんは嫌な顔もせず、真摯に答えてくれました。

質問一「女将さんは、そんな大きなクラブをやってこられたのに、どうして転身して、日本料理のお店を開く気になったんですか？」

「私も、もう五十六歳でしょ。殿方であるお客様の太腿に手を添えて飲ませる商売は、もうおしまいだわって思ったの。私より先輩で、還暦を過ぎているのにいまだにお客様の太腿に手を添える接客姿を見て、まあ気持ち悪い、ああ嫌だと思ったからよ」

質問二「女将さんは独身ということですが、後ろ盾になってくれている方で、怖い世界に生きる男性とかのつながりはありませんか？」

「まあ、はっきりと、突っ込んだことを聞くわねえ」

このときは、思わず苦笑いしていました。こちらからすると、もっとも重大な関心事です。水商売への先入観もありますし、よく知らないホステスさんたちの世界への偏見で、黒幕の存在に対する恐れもありました。雇われて、勤めてからわかったときには、もう辞められないしがらみに取り込まれてしまうのではないかという恐怖心もあります。

「心配されているような、危ない筋の方との関係はありませんよ。ご安心くださいね。同棲している人がいますが、お店がはじまるまでには出て行ってもらいます。そしたら、マンションには、私と可愛いワンちゃん三匹で暮らします」

客席が三十席余りの小さい店ですが、板前修業を卒業し、いよいよ人生修行に入るにあたって、こうして、とても素敵でスペシャルな飲食サービスのコーチとのご縁に恵まれたのでした。日本一の接客・接遇の街・銀座で女性が一人で大勢のホステスさんを雇い抱えて、高級クラブを三十年間もの長きにわたって切り盛りしながら生き抜いてきた。その人ならではの〝活学・哲学〟を伝授していただける最高の環境でした。

この女将さんの下で三年間実践したことの学びは、その後に続く私の人生にとって、至上の幸運でした。私の料理人人生のなかで、西宮先生との出会いと同じように、革命的な影響を受けることになったのです。

〝割烹〟の晒しカウンターを通しての人間修行

女将さんは、お店に出るときの衣装は毎日必ず着物でしたが、クラブのときのようにはいきません。いくら夏衣装とはいっても浴衣ではないですから、相当暑かったと思います。忙しいときには、お料理出しから下げ物、洗い物まで、さらにドリンクサービスからお会計、お見送りまで、料理作り以外のすべての仕事を担うわけですから、すごいことです。

土・日と祝日は休業ですが、一年間のうち約二百五十日間の営業日には毎日違う着物を着てサービスしていました。接遇のプロフェッショナルとしての矜持と誇りを、垣間見る思いがしたものです。

女将さんの広い自宅マンションの寝室を兼ねた二十畳もの部屋は、ベッドと化粧台以外、すべて着物を保管収納するための桐の箪笥で占められていました。私なんかすぐに下衆の関心事として「さぞかし高いだろうな」などと思ってしまい、そのことを聞いたことがありました。すると、「そうねぇ、大概一着二百万円前後なので、車一台と思えばいいかしら」とサラリと言われました。プライドでもあり、虚栄心を張り合う世界でもあります。

接待で利用されるお客様に〝恥をかかせない〟レベルの着物でおもてなしする。他の店のママたちからも羨望の眼差しを浴びる、刺繍入りのオリジナル着物などのお召し物。クラブを利用する殿方（お客様）は、ママのお召し物の価値を値踏みし、納得して喜んで高額の接待の飲食代を支払うという、そんな世界観のなかで〝しのぎ〟を削って生きてきた方でした。

飲食店の裏方である厨房の世界だけで暮らしてきた板前の私にとって、まさに〝眼から鱗〟、日々驚きのワクワク気分で職場に向かえました。

〝初板〟として臨んだ銀座。晒し仕事の実践学の三年間（千日修行）は、女将さんという超スペシャル・コーチとの出会いのお陰で、「たかが水商売、されど水商売」の凄さと奥深さと誇りを学ぶことができ、とても充実した楽しい日々でした。

いよいよオープン初日、夕方の五時が開店です。十二名様が座れる割烹カウンター席と、十八名様が座れる座卓スタイルの半座敷。厨房は料理長の私を入れて三人、接遇は女将さんとお手伝いの女性だけの計五人という、小ぢんまりした態勢です。

私はそれまで比較的大きな飲食店で仕事をしてきましたので、お客様を目の前にしたときに、いったいどんな声かけ、どんな話題かけをしたものかと、もう内心は不安でたまりません。お客様が来たらどうしようと、気が落ち着きません。みっともない話ですが、とても喜んでお客様をお迎えできる心持ちではありませんでした。

一方、女将さんはオーナーです。もう〝勝負服〟の一張羅の着物で粋に装い、隙なくビシッと決めてスタンバっています。店の雰囲気が、次元の高い凜としたものになっていました。「今日は、どなたがお見えになってくれるかしらねぇ」と、〝良き人〟を心待ちにする女人の隠しきれない嬉しき心を感じさせる、余裕の微笑を湛えています。

幼いときから、ずっと劣等感を持って生きてきたような私ですから、銀座の高級クラブを接待でご利用されるぐらいの常連さんとは縁がありません。どなたも一流大学を出て、キャリアと称される国の高級官僚や一流大企業の社長や重役を務める方、あるいはそれに準ずる地位と収入のある方々ばかりが目の前に座られる。私のような者が話をできる相手じゃない。とにかくすごい人たちばかりだろうという過剰な先入観から、ことさらよけいに萎縮してしまっていました。

開店時刻が迫ってきて、いよいよ逃げられないと焦ってきました、もう我慢できずに尋ねました。大真面目にです。

「あの、女将さん。『いらっしゃいませ』くらいは言えそうですけど、そのあと、目の前に座られたお客様に、どうお声をかければいいんでしょうか?」

いつ思い出しても、余りにも幼稚で恥ずかしい質問、冷や汗をかく思いの苦い記憶です。板前稼業のなかでも、客との対面仕事、いわば〝晒し仕事〟を初めて体験することになったのです。初体験を目の前にして、狼狽《うろた》えていたわけです。

女将さんはニコニコの笑い顔で、こう話してくれました。

「いや、『いらっしゃいませ』と笑顔でお迎えしてくださるだけで十分ですよ。板長たちがお客様のお料理を、クルクル動いてテキパキ作ってくれる姿が一番のサービスですから。あとは、私たちに任せてくださいね」

続けて、次のような言葉をかけてくれました。

「真っ白い割烹着（白衣）を纏《まと》った料理人が、若い人たちに適切な指示をしながら、厨房のチームワーク良く、流れるようによどみなく料理を次々に仕上げていく小気味良い動きは、まるで舞台のお芝居を観ているよう。楽しくて仕方ないわ。お客様も、きっと喜ばれるわよ」

開店までの準備期間のなかで、厨房にガス・水道が通ったのは一週間前、必死の料理仕込み作業に追われる我々の様子を、女将さんはしっかり観察していたのです。

このことがきっかけで、提供する料理の質や料理人の人柄に不安があったなか、「これなら大丈夫」と自信を持ってお客様をお迎えできるのではないかという手応えが生まれ、厨房スタッフに対する信頼の気持ちも芽生えていったのだと思います。

接遇の超プロフェッショナルである女将さんの言葉です。「ああ、そうなんだ」と心底得心することができました。飲食サービス業への向かい方に、まだ確固たる構えを持っていなかった私にとって、心の中の曇り空が見事に晴れ渡ったような、清々しい安心が得られ、お客様を感謝の笑顔でお迎えする覚悟が定まった瞬間でした。

料理人は料理作りに全精力を傾ける、つまり自分のもっとも得意なことを、誰よりも一所懸命にやればいい。それがお客様に対する一番の素敵なおもてなしの表し方である。そう悟らせてくれた、心の革命ともいえる出来事でした。

これが、仮に場末の三流コーチだったら、「板長、お酒を飲まなくてもいいけど、お客さんにお酒を注がれたら嬉しそうな顔して受けてね。一口でも飲む振りして、『ありがとうございます』と言ってちょうだい。なんなら、できるだけ大きなコップで受けて、こっそり料理酒に回してもらっていいから」なんてことを言われ、心ならずもしぶしぶお店の方針に従い、〝たかが水商売〟の道を歩んでいったかもしれない。そう思うことがあります。

飲食サービスの本格的〝修行の道〟を歩むスタートラインに臨むにあたって、〝最高のコーチ〟に出会えた幸運を、あとあとまで神様に深く感謝することになりました。

クラブ時代から、女将さんの熱烈なファンであり、もっとも売り上げに貢献してくださったという年配のお客様が来店された折りに、こうおっしゃいました。

「おい、板さん。このママはなぁ、銀座でも五本の指に数えられるママだ。お前、逃げないで助けてやりな」

人情の機微に精通された、なんとも〝粋な励まし〟の言葉に感じ入って、平身低頭したものです。「さすがに銀座のお客様は違う」と思わされました。

評価は他人がする。ただ一所懸命に仕事をすればいい

通常、会席料理店は夕刻がもっとも繁盛する時間帯ですが、このお店の開業当初は、午後五

時の開店時間から八時頃までお客様の来店がほとんどない日があり、営業的にはとても苦しく感じたものです。厨房の立場からは、満席になっても間に合うようにと材料の仕入れもし、料理の下準備も怠りなく進めてはおくものの、お客様がお見えにならなければ腕のふるいようがないわけです。

当然ながらお店の売り上げがないのですから、利益どころかマイナス売り上げの完全な赤字です。給料をいただく身の私は、大変に気が引けてきます。

ところが、材料仕入れの代金や従業員の給料を払う側の女将さんは、いたって平静を装い涼しい顔をしているではありませんか。肝の据わり方が違いました。「大丈夫、大丈夫。私に魅せられた殿方が、絶対に開店を待ちわびているはずだから。そのうち、必ずみんなで押しかけて来ますよ。そのときは慌てないで、よろしくね」と心の内では確信しているふうだったのです。

銀座のような夜のネオン街を交際・接待で頻繁にご利用され、賑やかしてくださるお客様は、まず会社の引けた夕刻にお目当てのママなり、チーママ、あるいはホステスさんと待ち合わせをします。そして寿司屋など行きつけのお店で食事したあと、八時にはクラブへ同伴出勤し、雅で妖艶な雰囲気の店内で高価なお酒と担当のホステスさんたちとの会話を楽しみます。クラブが引ける午後十一時頃、ホステスさんを複数引き連れて深夜まで営業している飲食店に繰り出し、ホステスさんに感謝のねぎらい夜食をご馳走し終えた頃には深夜の一時、二時を過ぎています。そのあと、ハイヤー&タクシーを呼んで自宅に帰る。

これが三年間、銀座で働かせていただいた間に、私が見聞きし体験した企業接待の典型的なパターンだったように思います。

お店を紹介された当初は、厨房スタッフは十一時までの勤務、よほどお客様が切れなかった場合でも、最終電車には間に合うように退勤するという約束でした。「板長たちが帰ったあとの深夜の部分は、作っておいたおつまみ料理とかお新香を使って、私たちがお酒を飲ませてしのぎますから」という対応です。

あくる朝見ると、仕込んだ料理の減りがすごいので、夕刻に出勤したサービスのお姐さんに、様子を聞きます。「女将さんがやっていたクラブに勤めていたホステスさんが二組、お客様を連れて来てくれたんです。六名と五名の大勢さんで、二組が一緒になって盛り上がり、相当飲んでくれて、つまみもたくさん出ましたよ」

私たち厨房スタッフがいる時間の売り上げがわずか五万円前後のときに、女将さんとお姐さんの二人で、十一万円売り上げたのです。

これではもう、約束だからと終電で帰ってなんかいられません。とても大きな顔でお給料をいただけません。すぐにママチャリを買いました。当時私が住んでいた所まで、自転車で約四十分の距離です。終電を気にせず、お客様がいるうちは最後まで、しっかりお料理対応することができます。

若い二人のスタッフは、約束通り十一時で帰します。私さえいれば、もう深夜の何時でも、刺身であろうが、温かいお蕎麦であろうが、お食事処としてお客様のご要望に、なんでもお応えするという〝戦闘態勢〟が揃ったようなものでした。

女将さんの嬉しそうな微笑、いつまでも忘れられません。他人の喜びは我が喜びです。開店三週間ほどが経った頃の出来事でした。

「バブル経済」と言われた時代でした。タクシーは長距離利用のお客様優先で、乗車拒否が横行。「タクシーがつかまるまで、飲みながら待ちましょうよ」と営業トークをしていました。クラブが引けてからのお客様狙い、ホステスさんたちの応援をいただきながらの深夜営業でしたが、夕方の食事時間帯が軌道に乗るまでは、繋ぎとなる稼ぎを生み出す大切なことでした。

私の退勤も午前三時、場合によっては四時過ぎだって珍しくないようになっていました。自宅に向かって漕いでいる自転車から、昇る朝日を拝んだことも数えきれないほどありました。たどり着くと、シャワーを浴び、すぐに寝床にもぐるといった暮らしぶりです。

二ヵ月目の給料日を迎えたときです。給与明細と現金が入った茶封筒を渡されるという支給スタイルです。お客様の切れた時間帯を狙って、女将さんが一人一人直接渡してくれます。明細書はいたってシンプルです。支給総額三十三万円から源泉徴収額三万円が引かれ、支給額三十万円です。しかし、二回目となった給料日、茶封筒を受け取った瞬間に、重いし中身が厚いと直感しました。

帰宅する用意で、着替えのためにトイレに入った際に給与袋を開いてみました、なんと四十万円が入っているではありませんか。明細書にも「支給額四十万円」と記載されています。会からの紹介時には、「三十万円」の約束だったにもかかわらずです。

「女将さん、私の紹介給与は三十万円のはずですが。十万円も多く入っています。事務所の会計さんの間違いじゃないですか？」

真顔で尋ねると、女将さんはこう答えました。

「いいえ。私が指示したことです。会計さんの間違いではありませんよ。クラブをやっていた頃は、満足にカクテル一つ作れないボーイさんに二十五万円も払っていたんですから、板長みたいにしっかり修業を積まれて高い技能をお持ちの技術者に、こんな安い給与でいいのかしらって感じていました。それに、十一時までの約束でしたのに、自転車を用意してもらって、お客様が完全に引けるまでやっていただいて、本当に心強く、とてもありがたく感じています。それに応援団となってくれている後輩ホステスたちが、『ママ、よかったね、素敵な板長で。それに深夜もお料理対応してくれるから、自信持ってお客様にお勧めできるもの。たくさん連れてく

一所懸命に働き、仕事に真摯に向かい合っていれば、必ずそれを見ていてくれる人がいる

るからね。ママ、頑張って』と言って、励ましてくれるのよ」

「人生は振り子の原理である」という教えがあります。先にこちらから見返りを考えずに思いやりの働きかけをしたのですが、結果として相手から、まったく考えもしなかったお返しがきた。やまびこと同じだと思いました。「ヤッホー」と言えば「ヤッホー」と返ってくる。

自分は、なんと幸運な星のもとに生まれたことか。〝修業〟のはじまりに臨むにあたっては、生涯の師匠となる西宮先生との出会いに恵まれ、また〝修行〟のはじまりに臨むにあたっては女将さんとのご縁に恵まれました。一所懸命に自分のなすべき働きに徹して仕事に真摯に向かい合っていれば、必ずそれを見ていてくれて、きちんと評価してくれる人がいる。そんな人に仕え、そして見守られているという安心感。雇われ料理人にとってこれは、料理仕立てに専心できる環境にいる幸せをしみじみと感じた出来事でした。

労使協調、信頼関係が構築されてきて、お店の一体感が強まっていきました、それに呼応するかのように夕刻からの〝会席料理〟の提供時間帯が繁盛しはじめたのです。

その勢いのまま、歳の暮れの繁忙期を迎えました。開店月だった九月の売上総額二百九十万円、十月三百八十万円、十一月四百六十万円、そして十二月は営業日数が二十日間と短いにもかかわらず五百三十万円と、順調に成績が伸びていきました。

師走の忙しさもなんとなく峠を越したと感じた頃です。こんな会話がありました。

「女将さんは、今年の正月はどんな風に過ごす予定ですか？」

「板長こそ、どうするの？」

「私はまた、紹介所にお願いして、リゾート旅館の年末年始ならではの〝臨時の助っ人〟という高額バイトで、ガッチリ稼ごうと思っています」

「板長は、全然休まないんだ。本当に働き者ですねぇ。私の去年までの正月は、ホステスや常連客が取っ替え引っ替え泊まりこみマージャンにやって来ていたけど、今年は友達と三匹のワンちゃんたちと、テレビでも観ながらの正月になりそうね」

こんな、ちょっと寂しそうな話になったものですから、私は「女将さんのお家で食べるぐらいのちょっとしたお節料理、創りますよ」と申し出ました。日頃の感謝の気持ちも当然ありましたが、連日満席のこの暮れ、着物で汗かきながら働いていた女将さんの姿に感激していたからでもありました。

「あらそう、それは嬉しいわねぇ。それじゃお友達も呼べるし、楽しい正月になりそう」

想像以上に喜んでくれて、声が弾んでいました。

「お節料理の重詰め、一個も二個も手間は一緒ですから、妹さんの分も作れますので声がけしてみてください。それとももう他に、予約注文していますかねぇ」

「そりゃ絶対に喜ぶわよ。他に予約していても、キャンセルするわ。板長の手作りお節料理だもの、必ず欲しがるわ。もちろんお代はしっかりいただきますよ。お値段いくらにする？」

さすがに経営者、〝商魂逞しい〟です。予約締め切りと決めた十二月二十六日のたった一週間に、親しい友人や常連のお客様が来店するたびに、必ず「ねぇ社長、今年の正月は楽しみだわ。うちの板長が〝手作りお節料理〟を創ってくれるから」と宣伝、販促をしまくります。

三万円と価格設定したお店ならではのオリジナル〝お節料理〟、二十個の予約を取りつけたのですから、厨房の我々にとっては、いきなりの〝ハリケーン〟に遭遇したような騒ぎです。器、食材の手配から料理の仕込みと、対応に大わらわの出来事でしたが、「これぞトップセールス」と思わせる、その〝カリスマ威力〟を思い知ったのも確かでした。

暮れの二十七日でお店の通常営業は終わりとなり、三十一日の大晦日、午前十時にお渡しする約束です。二十八・二十九日は二時間睡眠、最終三十日は徹夜での料理仕込み、最終の盛り込み調理に入った午前四時、声が出なくなった若いスタッフ二人を見ると、もうフラフラで、立ちながら眠ってしまっています。「座敷で横になって、少し寝なさい」と声をかけました。

心の構えがない、仕事への向かい方の覚悟がまだできていない、二十七歳と二十二歳の若さです。無理はありません。本気仕事への覚悟は、「二日徹夜したら二日分のパワーが付き、三日徹夜すると三日分のパワーが養われ、培われる」となります。まさに修業の質と程度が表れるということです。

そうこうしながら、単価三万円のお節料理、二十個を仕上げてお渡しできました。予定にはなかった、売り上げ六十万円を計上できたのです。

「板長、一個の原価率はいくらですか。器も何もかも一切を入れて」と女将さんが聞いてきました。私は「まだ正確にはじき出せてはいませんが、五〇％の目安で仕上げました」と答えました。すると女将さん、回収した現金をなにやらゴソゴソと仕分けしはじめました。そして、私に十五万円を渡してくれたのです。「予定になかった売り上げです。かかった材料費を引いた三十万円、私と板長で半分ずつ分けましょう」。私はありがたく受け取ると、厨房の若い人たちと均等に山分けしたのでした。

私が、少しは人様の前でお話しできるようになっているとすれば、それは女将さんのお陰です。女将さんのクラブ時代からの常連客の方々は、いずれも大企業のトップクラス。若い頃は、全国各地の支店勤務を経験しており、我々料理人も顔負けするほど各地の料理に詳しいのです。

知ったかぶりして赤恥かく前に、謙虚に教えていただくという姿勢で向かうことにしました。

また、超一流の学歴と経歴の持ち主で、知識・見識にしても、私などにとっては雲の上の存在ですから、たかが板前には大きなプレッシャーがかかる毎日であったと同時に、生きた実践の学びでした。

一方、ビジネスのお客様もネクタイを緩めての〝アフターファイブ〟です。緊張する企業商談の接待会食の場合もありますが、小さなお店の場合は、大概が個人の接待会食のお客様です。職場では決して見せないであろう、柔らかい優しい素顔を見せてくれます。あちらこちらから楽しそうな話し声、笑い声とともに、食卓に〝笑顔の花〟が咲くことになります。

開業六ヵ月が過ぎた頃でした。お客様からとても良い評価をいただきながらも、なかなか思うように来店客数が増えていかず、したがって売り上げが伸びずに苦戦していました。女将さんに、「板長の気持ちを聞きたいのですが、レンタルのカラオケ機器を試しに入れてみようかと考えています。どうかしらね？」と尋ねられました。

瞬時に、「冗談じゃない。カラオケを置くような飲み屋で仕事するために修業してきたんじゃないわい」と反目する感情が、心の中に強く湧き上がり、オーナーの言うことなのに、素直に「はい。わかりました」と言えずにいました。ただ、だからといって反対することもできず、口をつぐむばかりです。

女将さんは経営者として、雇われ板前の私なんかとは次元の違う危機感を持って、お客様の声や反応を直に感じながら、あれこれと思案をめぐらせたうえでの提案です。返事のできない私を気遣って、女将さんは「もしお客様の反応が良くなかったら、すぐにお返ししますから。お食事タイムの八時までは使わせません。だから、トライしてみましょう」と言いました。まだ不承知の私は、蚊の鳴くような声で「わかりました……」とやっと返事をし、低迷打開の施策として会席料理のお店にカラオケが入りました。ところが、なんとそのカラオケが、売り上げ増進の救世主になっていったのです。

売り上げの二割を支えてくれていたクラブ時代からの常連さんは、基本的に女将（おかみ）さんの熱烈なファンですから、女将さんに会いたくてお店をご利用してくれていました。年齢的にもだいたい六十五歳以上の方が多かったように思います、四十、五十歳代のときのようには、量は食べませんし、アルコールだってたくさんは飲めません。さらに現役引退されて会長や相談役などになりますと、会社の接待費はほとんど使えませんから、部下を連れての社内接待も叶いません。

女将に、話し相手をして遊んでほしいと思っても、ママ時代とは違います、女将も料理出しやドリンクサービス、そして食卓の下げ物や電話応対、お会計、タクシー拾い、お見送りと大忙しです。〝殿方のおもちゃ〟と揶揄した〝カラオケ〟は、私の想像以上に喜ばれたのです。社会的に高い地位まで出世を果たした〝オジサン方〟が、無邪気な童子のような顔をして、嬉しそうにマイクを握り、楽しそうに歌い、喜んでくださる。私はただ単に料理作りしかしてこなかった、人間力の貧弱さを恥ずかしく思いました。

女将さんが長年の接遇稼業で培ってきた〝人間の料理法〟です。愛情を持って他人を喜ばせることに長けた、〝人間活学〟を強く思い知らされたのでした。

「板長、情の人を育てて周りに置きなさいよ。人間は歳取るとねぇ、小銭だけでは身体が温まらないからね」――人間の感情の機微に通じた女将さんの台詞です。

一世一代、魂を込めた料理を作る

師匠の西宮先生は、銀座のお店へは月に一度くらいは、様子見を兼ねて立ち寄ってくださっていました。近くで会合などがあったときの帰りなど、営業に支障にならない時間を見計らって立ち寄ってくれるのです。

いつも気にかけてくださっている愛情が感じられて、誠に嬉しくもあり心強かったです。「先生、お料理を少し召し上がっていただけませんか」とお声をかけます。「それじゃ、少し食べるか」。その日のお客様にお出ししようと仕込んでいた料理を何品か試食していただき、感想を伺い、助言をしていただくことになります。

松和会という料理人の組織を率いるかたわら、複数のリゾートホテルの料理顧問、さらには新宿調理師専門学校の外来講師を務めるなど、超多忙な先生でしたのに、料理長になっても、こうして師匠に味を見てもらうことは緊張を覚えると同時に、無性に嬉しいもので、本当にありがたいことでした。期待されていること、愛されていることを実感できたものです。

西宮先生は、社団法人日本料理研究会という組織の副会長という要職も担っておりました。これは、特に関東圏で働く板前のほとんどが所属していると言ってもいい、長い歴史と伝統を誇る、日本料理の調理師で構成する全国組織です。この日本料理研究会が毎年三月に開催する「全国日本料理コンクール」は、西宮先生が中心となってはじめられたものです。

「現代日本料理」「郷土料理」「日本型食膳」の三部門で競い合い、各部門ともそれぞれ五十点の作品が出展されます。発起人でもあった西宮先生は、推されて審査委員長を第一回、第二回と務めておられました。

私は第二回から出展させていただきました。各調理師会から、せいぜい二名程度しか参加できないという〝狭き門〟です。三十四歳の若造の私には声がかかるはずがありませんでしたが、師匠の指名で参加できたのでした。

チャンスをくれた師匠のためにもと意気込んだものの、出展者は私の二倍、三倍ものキャリアを積んでいる猛者ばかりです。たとえるなら、幕下の相撲取りが幕内の関取の胸を借りるような違いです、凄腕の大先輩方の向こうを張ろうというわけですから、どだい難しい、誠に厳しいわけです。

おまけに、実力もないのに師匠に褒めてもらいたいという邪心もありますから、審査の先生方の胸を打つわけがありません。二年間とも入賞は果たせませんでした。

その西宮先生が、心身の過重な働きによる過労から病に冒され、入院・手術を経て、その後一年半余りもの入院闘病生活に入ってしまわれました。したがって、第三回のコンクールからは審査委員長を辞退されていました。回復が非常に難しいと言われる肝臓がんです。私が銀座に紹介されて勤めはじめて二年目のことでした。

そんななか、平成元年三月に開催された第四回全国日本料理コンクールの申し込み要綱が発表されました。師匠が生きている間に私の成長を見ていただける、ラストチャンスになると覚悟しました。手塩にかけて育てていただいたという深い恩を感じていた私は「師匠の名代として」臨むという気概で、もう死に物狂い、命がけの決意です。

参加した過去二年間の反省と経験を踏まえ、半年以上も前から本格的に対策に入りました。師匠の名を穢《けが》すような、低いレベルの妥協は決して許されません。コンクールで優勝するための料理作品のアイデアを搾り出すという、かつて経験したことのない苦しみを味わうことになりました。

自分のアパートの部屋にコンクールの際の作品展示と同じ広さのテーブルを用意し、本番を想定したクロスカバーを掛け、仕事を終えて帰ると、そのセッティングしたテーブルに向かい合う日々がはじまりました。寝ても覚めても、まるで、何かに取り憑かれた状態です。

その年に私が参加したのは「現代日本料理」部門です。どんな料理を作ればいいか、考えに考えました。他人と競い、審査する先生方の評価をもらうことが求められますので、目新しさは必要ですが、奇をてらっただけの〝ケレン仕事〟では高い評価が得られません。斬新でありながら、基本の理に適っていて、さらには品性が漂う……。そんな作品に仕上げる。きらりと光る目新しさと伝統にのっとった創作、言うなれば〝王道〟を貫くしかないと、心に思い定めました。

自分の全知識と全技能をかけて献立を考え続けました。行きつ戻りつ、とても悩み、苦しい作業でしたが、これ以上浮かばないというほどに徹底的に考え抜き、もう神仏にすがるしかないというところまで追い詰められた気持ちのときに、それまではまったく思いもしなかった料理アイデアが、次から次へと浮かんできたのです。

コンクール前日、お店の通常業務を終えてから、若い衆に手伝ってもらい、朝まで一睡もしないで料理を仕上げ、タクシーで会場へ運び込みました。これまで経験したことのない、高い集中力だったように思います、会場の建物入り口から指定された出展コーナーの指定場所に着き、用意してきた料理を盛りつけ終わるまで、誰の顔も眼に入りませんし、誰の声も耳に聴こえません。思い返しても、誰に挨拶したのかもまったく記憶がありません。

すべての盛りつけを終えて半歩下がって作品全体を見直し、「よし。これなら我が師匠の名を穢さぬような作品に仕上がったのではないか」と安堵の思いになり、作品自体がもう私自身の手を離れ、巣立っていったような奇妙な感覚になりました。

その瞬間でした。会場全体がざわめく音と、盛りつけを観ていた知人・友人たちの声が、津波のように耳に押し寄せてきたのでした。自分がまるで神仏の加護にもすがるような、必死の思いで取り組んでいたことを感じました。無私無欲で取り組んだ〝一世一代〟の魂を込めた料理作品と言っていいほど、集中して行っていたのです。

三時間後に結果発表があり、誠に幸運にも、もっとも望んでいた「農林水産大臣賞」の受賞が決まりました。「きっと神様が応援して、助けてくれたのだ」と感じました。同時に、「先生の名を穢すことなくすんで、本当によかった」と、大きな安堵感に心が満たされていきました。

すぐに公衆電話から、西宮先生の自宅へ報告のための電話をかけました。

奥さまが出られました、今日のコンクールの審査結果を報告すると共に、「お陰様でした」と深い感謝の気持ちをお伝えしました。闘病生活の末期を迎え療養中の先生に、その言葉を伝えてくださっている声が受話器越しに聞こえてきます。

「お父さん、上神田さんがコンクールで農林水産大臣賞を取ったんだって。よかったよねぇ」

電話口に戻ってきた奥さまが、「お父さんに報告したらねぇ、瞬きしてうなずいたような顔しましたよ。お父さん、きっとわかって、嬉しくて喜んでいますよ。本当によかったわねえ、おめでとう」と言ってくださいました。

奥さまの声も涙声になり、それを聞く私もありがたさに涙がとめどなく溢れてきました。

恩師の願いを継ぎ、次代へ伝える決意

西宮利晃先生が、享年七三歳の生涯を閉じられたのは、コンクールから二ヵ月余りあとのことでした。

私を銀座のお店に紹介してくれたとき、病魔はすでに先生の身体の中で進行していたのでしょう。口にはせずとも、体調が思わしくないことが続いていたのかもしれません。最後の直弟

子が一人前の板前としてやっていけるかを見届けくれて、旅立ったように思います。

話は戻りますが、西宮先生が闘病されているときに、「会員は、お見舞いをご遠慮するように」と、松和会の事務所からの通達があり、お目にかかることができず、私は居ても立ってもいられませんでした。そんなとき、先生の奥さまからお電話をいただきました。主治医から「体力維持のためには、一日三十種類以上の食材を使った料理を食べさせたほうがいいですよ」と言われたそうです。普通の家庭では、そんな多種類の食材の料理を作るのは困難です。

私は、「俺の出番だ！」と思いました。奥さまに「先生の召し上がる料理作りをお手伝いさせてほしいです」と伝えると、快く受けてくださいました。勤務先の女将さんからも、「板長をご紹介くださった、ご恩の先生です。材料費はいくらかかっても構いませんから、どうぞ後悔のないようにやってあげてください」と、ありがたい言葉をいただきました。

店の営業が終わり、お客様が引け、スタッフが帰ったあとの深夜の二時過ぎにお届け料理の準備です。奥様が十種、私が二十種類の食材を目安に仕立てるという分担約束をしていました。家庭では作らないような食材を使って、料理人ならではの「鮑の柔らか煮」「鯛あら焼き」「穴子の柔らか白煮」などを仕立てました。

料理が仕上がると密閉容器に入れ分け、銀座の店から先生のお住まいのある市ヶ谷薬王寺町まで、約一時間近くママチャリ（自転車）で深夜の街を走ります。先生のお宅の門扉を開けて玄関ドアの前に着くと、台の上に発泡スチロールの箱が置かれています。

その中には、前日の空容器と奥さまのメッセージメモが入っています。「今日はこれくらい食べました」「味はもっと濃くしていいそうです」「こんな物も食べてみたいと言っています」……。師匠から最後の授業を受けているような嬉しい気持ちで、メッセージを拝読します。この最後の授業が一日でも長く続くよう、私は心から願っていました。それはそのまま、先生の命がつながっていくことなのですから……。

後ろ髪を引かれる思いで振り返り、先生の休まれているお部屋の薄明かりを見つつ玄関を辞するのは、午前三時から四時になります。それから自宅に戻るのは大概午前五時ですが、冬のことでまだ深夜のような暗さでした。

寒い冬を越え、暖かい春になれば、先生のお身体に「奇跡」が起こってくれるのではないか、神仏にすがる思いで祈りながら、一ヵ月以上の間お届けが続いていたときです。奥さまから電話がありました。

「上神田さん、お父さんを治療のために岡山県に、約一ヵ月の予定で連れていくことになったので、しばらくの間お料理は……、帰ったらまた連絡しますね」。

祈禱療法を試みることにしたそうです。

しかし、一ヵ月以上が経過した四月下旬になっても、岡山から帰京の知らせがいただけません。私がもっとも恐れていた事態が、刻一刻と迫っていました。

帰京され、初期に入院された頃からの主治医の先生の病院に再入院されたのが、亡くなられる一ヵ月前、ずっと禁じられていたお見舞いが許されたのが、二週間前のことでした。

それは先生が「もう助からないだろう」と告げる、残酷な知らせでもあったのです。

先生が入院されてから、実に十八ヵ月ぶりの拝顔の機会でした。恐る恐る、病室をお訪ねしました。そのとき、奥さまは用があって自宅に戻られていました。いくつものチューブに繋がれ、ベッドに眠ったように横たわる先生の姿を目の当たりにし、私は呆然と立ちすくみました。

看護師さんが部屋を出て行ったとき、先生のお顔に近づいて声をかけてみました。

「先生、上神田です、わかりますか……」

無反応ですが、お顔は苦痛の表情ではなく、穏やかな昏睡状態の寝顔です。もう二度とお声を聞けず、お話しもできない、そう悟らされた思いでした。先生の分厚い手を握り、薄い布越しに両の脚をさすらせていただきました。十六年間にわたって師事した歳月が、走馬燈のように目の前を駆けめぐるのですが、涙が溢れる目には、それもかすむばかりです。

もはや自ら語れなくなった恩師のかたわらにひざまずき、「先生が教えてくださった〝料理人の魂〟を、あとに続く後進たちに生涯を賭けて教え、伝えて参ります」と、私は心に強く、固く誓っていました。

コラム

料理の仕立て方〈四〉

◇師走（十二月）の風韻——歳惜しむ

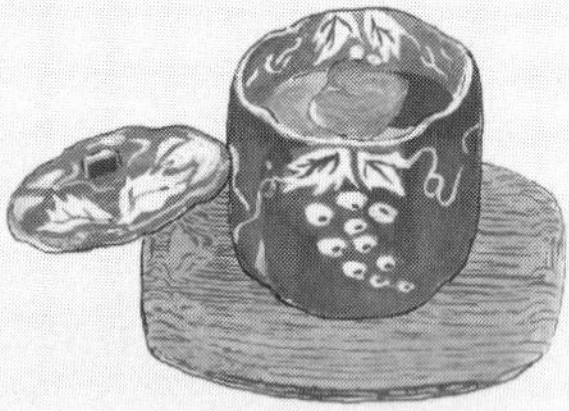

師走の十三日を「事はじめ」と言い、お正月の用意に取りかかる日です。平安朝の「延喜式」に見えていて、朝廷において伝承されてきた、鏡餅を王家や師匠の家へ持参して祝意を述べる行事、現代に暮らす私たちの、暮れのご挨拶、歳暮のご祝儀もこの日からです。

いろいろなお集まりや各職場などでは忘年宴会も始まります。街の飲食店に働く調理師さんたちにとって、年間で最も忙しい時期となりますし、公休も満足に取れないほどになりますが、反面暮れの忙しさを休まずに頑張って超えると、職業人としての一段の力が付き、それが大きな自信となるのも確かです。プロ野球の選手がキャンプを超えると逞しくなり、よりプロらしくなるのに通じるように感じています。

ところで毎年訪れる、「忘年会」の「忘」は決して「その年を忘れるための飲み会」ではなく、普段の職場での上下関係や先輩後輩、師弟関係などを超え、お互いの個を尊重し合い、心から打ち溶けた雰囲気で飲食を楽しむという「忘年の交わり」が語源であることを心にとめて、忙しさの中にも客間の雰囲気に気遣いしてお料理作りを進めたいものです。

土の中の大根やかぶらをはじめとする畑の幸はことごとく味が深くなり、魚や鳥獣肉は越冬のための用意で脂肪がのって旨くなり、料理人にとっては料理をするのも楽しくなります。冬はなんといっても「鍋もの」が喜ばれるでしょう。同じ鍋を囲むことにより深まる親しさ、楽しさ、美味しさはまさに、忘年の交わりのお席にふさわしいご馳走だと思います。

利休居士の「冬はいかにも暖かきよう」の教えがありますように、寒い季節のおもてなしは温かい料理に限ります。召し上がるお客様の、一年間の頑張りを労う気持ち、そんなおもてなしのこころで作る料理はきっとお客様の胃袋だけに留まらず心も癒してくれることでしょう。ご家庭でも、一年間のお互いの頑張りへの労いと労わりの食卓を、歳の暮れだからこそ是非持ちたいものです。そうした暮らしの中の折り目けじめが、迎える新しい年へ活力となるのではないでしょうか。

◆睦月(一月)の風韻――恵方参り

門松を立てておく間を松の内といい、一般には十五日までですが、土地によっては七日までで、その後を松過ぎというところもあるようです。普段全くと言っていいほど神社仏閣に詣でない人も、この時ばかりはと欲張ってあちこちの神様仏様に詣でて不老長寿、無事息災、家内安全さらには交通安全の祈願をします。お料理も、松竹梅、鶴亀など、お正月向きの、おめでたい尽くしの取り合わせが喜ばれます。

しかしあまりにも趣向に重きを置きますと、物の形に囚われすぎた細工ものの多い料理になり、品格を落としかねませんので、気を付けながら加減をしたいものです。日本料理は、本来素材の真味を味わう料理法であることを心にとどめて、清楚であっても器や料理の取り合わせなど全体から、お正月らしい祝意のこもった献立に仕立ててておもてなししたいものです。

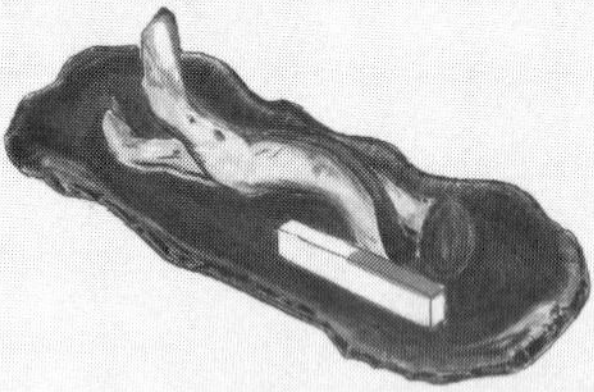

お正月料理の象徴的「お節供料理」の重詰めは、行事食であり保存食である訳ですが生活環境の変化から保存食としての一面はさほど重きを置かれなくなってきて、「洋風おせ

ち」「中華おせち」など新しい造語がまかり通って、しかもすっかり定着しつつある様相です。もはや「おせち料理」はお正月の食生活ファッションのひとつで、見た目の華やかさを競う傾向が一層強くなってきたように思われます。もちろん料理にも流行がありますし、商業用の料理にはファッション性は売れるためには大切な要素のひとつですが、技術者の道を歩む者のひとりとしてはあまりにも度の過ぎたものはどうかと思います。

料理の品格や味を決定するのは、高価な食材や珍味がふんだんに使用してあるからではなくて、自然の恵みに感謝しつつ、心からおもてなしの気持ちで料理を作る人の、魂によるということを、歳のあらたまったことを機に強く肝に銘じて精進をし、歳を重ねるごとに、品格、品位のある料理を作れるようになりたいと願っています。

◆如月(二月)の風韻――薄氷《うすらい》

春の野草は、雪解けを待って伸びはじめます。南北に長い日本列島、雪を知らない南の地方では立春の頃には、下萌えから地上へと芽をのぞかせます。雪に押さえられて春を待ちわびる北国の下萌えは長く、押さえに押さえられてから芽を出しますので、蕨やぜんまいなどの山菜はいずれも太くて味の深い良いものが採れます。温暖な土地の蕨やぜんまいは早く伸びますので細くて味にコクが足らず、味の差がはっきりわかります。野草自身が自衛のためなのでしょうが、秘めた苦味が天与の薬草であることに感謝せずにはおられません。

「花をのみ待つらん人に山里の雪間の草の春を見せばや」。茶祖利休居士が茶の湯の心なりと言われた和歌、侘び寂びの奥深さを心にとどめた料理、おもてなしを求道していきたいものです。

暦の上での立春、寒さは最も厳しい時期です。なには無くとも熱い料理を、温かみの感じる器で、どうぞ、体の芯から温まってくださいという、心入れが美味しさのポイントです。その気持ちのエッセンスが入らない、形だけの温料理では、ここまでは温まるはずがありません。会席の中にはリズムが大切ですので、熱い料理の連続では満足な美味しさは届きません。冷たい料理とのコンビネーションが大切です。濃いと淡い、熱いと冷たい、香り、舌ざわり、歯ざわり、喉ごしなどによる波状的な変化で頂点へと盛り上げる。能楽の序破急の要領で食事を終わらせ、「ああとても美味しかった……」と食後の満ち足りた余情感を与える、心理的な味の構成こそが日本料理の基本です。

帰路の途中や、帰宅されてから脳裏によみがえってくる、いわゆる「かえり味」を楽しんでいただける料理がお出しできたときに、料理の奥深い真髄に迫るというものです。

終　章

無償の愛情、おふくろの味

料理人には二つの道があり、料理への向かい方にも二つがある

西宮先生はまだ若い私に、生前、次のように教えてくれました。

「俺が生きている間、君が働き先に困るようなことはないぞ。勤め先を探す心配をするぐらいなら、料理人としての力量を高めることだけを意識して努力しておきなさい。俺が死んだあとでも、そういう努力を継続していけば必ずスカウトが入るから、仕事に困るような板前人生にはならないから」

この諭しは、先生自らが実践によって証明されてきた、揺るぎない人生哲学の伝授でした。師匠が亡くなられてから既に三十年という月日が経ちましたが、料理長や総料理長を務めさせていただいてきました。いまもって母校で後進の育成指導の仕事を授かって、幸せな板前人生を歩めています。

駆け出しの頃、師匠のたどってきた修業の道をなぞるように歩もうと決意し、お稽古ごとに関しても、氷彫刻、茶道、生け花、書道、野菜のむき物などに精をだしました。これらのことは料理人人生をデザインしていくうえでとても活きています。

「やっておけばよかった」という後悔の人生ではなく、「やっておいてよかった」としみじみ

感じています。

独立自尊の気概で料理人人生を歩んできたなかで、料理とは何か、料理人とは……などと私の感じてきたことを、この終章では述べたいと思います。

まず料理人の生き方についてですが、これには〝二つの道〟があり、「お店を持って、しっかり儲けるか」「料理長として、腕をふるって生きるか」の二者択一です。

その人の境遇や性格などが関係しますし、人の縁やめぐり合わせもありますから、どちらが良いとか悪いとかはまったく言えません。あるいは、どの道が正しいとか、正しくないというものでもありません。

一国一城の主として自分の店を持ち、そのうえで思いのままに料理の腕をふるうことができるなら、とても幸せなことだと思いますが、しかしながら、オーナーとなれば、スタッフ全員に対する責任も負わなければいけません。料理創りに費やす時間や労力よりも、場合によっては、トップセールスマンとしての営業や接遇や人事・総務・経理業務にはるかに労力を費やさなければいけないかも知れません。

一方、私の場合のように勤めの〝雇われ調理師〟として歩む場合には、いろいろなお店をまわり（板場の数を踏む）経験というキャリアを積んで、師匠や親方から認められて（修業修了）一本立ち（料理長）する生き方です。

その後は〝修行〟がはじまりますから、ここからは自らが意識して、高い向学心をもって勉強していくことが強く求められます。この修行こそ、料理人人生に違いを生じさせるように思います。常に学んで、人間として成長を図り、研鑽を怠ってはいけません。

人知れずに〝逸剣〟を磨き、実力を培っておくという心の構えを持っていれば、必ずや誰かに認められ、招聘されて、腕をふるうという料理人冥利に尽きる人生を送ることができます。

ただ、勤め調理師の場合、自分のことを理解して信頼してくれる、価値観を共有できるオーナーにめぐり合う確率は「宝くじ」を当てるぐらい稀なことだという覚悟を持たなければならないと思います。それでも、自らが自分の商品価値を高め、人格陶冶と技能研鑽を積み重ねるという不断の努力が不可欠なのです。

スカウトされる人財になり、職人の生き様が歓待をもって迎えられ、惜しまれて去るという〝心の美学〟が必要でしょう。

縁があって、老舗の高級割烹店に勤めたとしても、店の暖簾や看板に頼る、依存したような心での取り組みだとしたら、さしたる仕事はできません。お店を発展させ、スタッフを育てる使命があります。飲食店経営の心臓部とも言える厨房の責任者である〝料理長〟は、自らが店の看板になるという気概と、料理人人生を賭けるという〝使命感をもってこそ〟であるように思います。

私は誠に幸運にも、生涯の師匠との出会いに恵まれ、師事して十二年間、八店、八名の東西を代表するような、庖丁の切れる料理長の下で、みっちりと修業ができました。その長い下積みは、揺るぎない基礎を培うために欠かせない、必要な時間でした。晴れて花の板前さん（料理長）になったときの誉れの気持ちと、湧き上がる喜びには、忘れられない格別のものがありました。

辛抱してよかった、努力の継続をし続けてきてよかった、と心の底から思いました。自分だけが自分の辛抱と忍耐と努力を知っています。短気な性質でもある自分が自分を信じて、粘り強く真摯に精進をし、決して諦めなかった、そんな自分を「自分で褒めてあげたい」気持ちになったことを思い出します。

同時に、かつて味わうことのなかったプレッシャーと、責任の重さを自覚させられたものです。ますますの努力と精進の必要性を強く感じたものです。料理長として経験を積み重ねていく修行は、素直で謙虚な姿勢で学びを怠らなければ、さらに高いステージ、大きな舞台を用意してくれます。

たくさんの厨房スタッフを率いる、総料理長として采配をふるうような役目も担うようになれます。音楽界であればオーケストラの指揮者のような存在です。

後進を育て、出世させる喜びも誇らしいものですし、店を繁盛させて感謝され、大切に思われながら働くのもまたやり甲斐があるものです。

オーナー調理師であれ、雇われ調理師であれ、大切なことは常に「謙虚」であることだと思います。たとえどんなに周囲にもてはやされるような超人気者になろうとも、繁盛店となって大いに儲けようとも、奢り昂ぶった心で作る料理の〝品格〟は自然に劣ってしまうと思います。したがって「己の至らなさに対する、はにかみと恥じらい」という慎み深さを失ってはいけないと思います

さて、料理仕立てへの向かい方には、二通りがあると思います。

一つは、利益追求型、いわゆるビジネスとしての〝営業料理〟、もう一つは見返りを求めない、いわゆるおふくろの味と言われてきた〝愛情料理〟の二つです。

前者は言うまでもなく、お代（料金）を頂戴して、お客様に提供する料理です。当然ながら競争です〝ビジネス戦争〟とも称される熾烈な戦いの渦中にさらされます。

同業他店との差別化を図り、味も価格もサービスも、一味違うもの、レベルの違うものを提供することによって、ご利用のお客様の支持を得なければ、店はいずれ潰れる運命ですから、生き残りを賭けた戦いです。

このようなビジネスの競争のなかで仕立てられる料理は、たとえどれほど商品価値が高かろうが、技術的に高度でスペシャルであっても、過酷な条件や厳しい制約のなかでの取り組みで

あっても、あくまでも利益追求型の料理作りです。私は〝企て仕事・図り料理〟と表現しています。

もう一つは、家庭で作る見返りを求めない〝愛情料理〟です。日本では「おふくろの味」と称され、それぞれの家庭で、お母さんが、家族の健康と幸せを思い願って作る、家庭料理です。

それぞれの家庭の台所を預かるお母さんたちは、お父さんの少ない稼ぎのなかから、また忙しいなかで、食卓に〝笑顔の花を咲かそう〟と工夫し努力をします。

命の源である食材は、地域の季節の旬の恵みを中心に使い、祖母などの先達より教え伝えられてきた〝食の智慧〟を活かし、無駄なく慎ましく〝もったいない〟の精神をもって、家の台所でお母さんが作ります。

これは決してお代を頂戴することを前提にした料理作りではありません。土地の滋味を味わうものですから、お店で提供されるような、豪華できらびやかな食べ物ではありません。

見返りを求めるものでもありません。

しかし、それは夫や子供の命と健康を預かる、家族の幸せと直結した大切な料理作りです。

手間も愛情も惜しんでなんかいられないはずです。

かつての日本人はこの「おふくろの味」によって、たとえ粗食であったとしても、心も身体も育まれて、心根の優しい大和の民の歴史を継いできたのです。

しかしながら、心の栄養ともなっていた「おふくろの味」、無償の愛情を込めたこの料理は、利便性を追求する現代社会のなかでいまや絶滅の危機が訪れているように感じます。極端にいえば、母親の作ってくれた「おふくろの味」が、コンビニの〝袋の味〟に取って代わられています。

命の源である〝食材〟は、大自然である〝天と地からの恵み〟を、恭しく慎んで押しいただくことになります。料理する人は、我々職業調理師であろうと、家族の食べる料理作りをする主婦であろうとも、〝もの言わぬ天（神）の意志〟をしっかり汲んで、料理作りに取り組むことが肝要です。

天与の恵みの介添え役に徹するという〝慎み深い姿勢〟が問われているのだということを肝に銘じて、仕事をしていきたいものです。

報恩の思いを抱いて、母校の校長に就く

私にとっての母校、新宿調理師専門学校の卒業生校長として招聘《しょうへい》され、平成二十三年二月に就任しました。

着任一ヵ月後の三月十一日に、あの未曾有の東日本大震災が発生し、学校の立地する西新宿

の高層ビル街も、怖いほどの大変な揺れでした。長い間の大きな揺れが少し落ち着いた頃、校舎の外に出て立ち並ぶ高層ビル群を見上げて驚愕しました。

各ビルの高層部が大きくゆっくり揺れて、ビルとビルが交差して見えるではありませんか。まるでビルが折れて倒れてくる、そんな恐怖の感覚になったことは忘れられません。

私は母校に戻る直前、某大手企業が運営する会員制の日本料理・会席料理店で仕事をしていました。開業準備室から関わり、開店して二年余りが経過した頃です、学校法人新宿学園の関川恵一理事長が訪ねて来られました。そして単刀直入に、「学校も創立五十周年を迎えます。卒業生校長として母校に戻り、後輩にあたる生徒たちの指導・育成の先頭に立ってもらえないだろうか」というお誘いをいただいたのです。

まったく想像もしていないお誘いでしたが、その瞬間に私の胸に去来した光景がありました。昭和五十年三月、新宿調理師専門学校の卒業式が行われ、その後に謝恩会が行われた折のことでした。

謝恩会の会場は、来賓の先生方や教職員、そして私も含めた卒業したばかりの生徒たちでにぎわっていました。私は、学校創設者でもある嘉茂勝治理事長のもとに、ご挨拶とお礼の言葉を述べたいと思い向かいました。

嘉茂理事長は、「特待生」と呼ばれ、勉学と働きの両立に取り組む我々にとって、在学中ずっと親代わりとなって導いてくださった大変ご恩のある先生です。

私も夜間部生として一年半、目標通りに一日も休まずに卒業を迎えた、という達成感と同時に、いよいよ現場の厨房に入るという不安、それを上回る意気込みに燃えていました。

「理事長先生、一年半、大変お世話になりました。誠にありがとうございました」

心からの感謝を申し上げると、少しお酒を飲まれたせいか赤ら顔のニコニコご機嫌の理事長は、「おう、上神田君」と言ったかと思うと、私の手を取り壇上に連れ上がったのです。そしてマイクを握り、会場の皆さんにこう話しかけられました。

「私はこれまで、三千名近くの卒業生を調理業界に送り出してきましたが、この子にもっとも期待しています。どうぞこの子を覚えておいてください。そして、よろしくご指導をお願いします」

つるつるに剃り上げたスキンヘッドの私の頭をなでながら、皆さんに紹介してくださったのです。突然のことで、嬉しさと気恥ずかしさが同時にこみあげてきたものでした。

あのときの掌の温もりが、私の頭の皮膚の記憶に残る忘れられない思い出となって蘇ってきました。修業中の厳しさに挫けそうになる私の気持ちが、あの励ましの言葉と愛情の温もりによって、どんなに励まされたことか、言葉には表せないものがあります。

「むくいごころ」という言葉が、即座に浮かんできました。今こそ恩に報いるときだと、強い思いになりました。

また、現在の関川理事長からお誘いを受けて、校長に就任した当時、私は五七歳でした。新宿調理師専門学校の生徒として恩師・西宮利晃先生に出会ったとき、先生のお歳は同じ五七歳でした。とても不思議なご縁を感じ、強い〝使命感〟を抱きました。

もう余命いくばくもない西宮先生のお見舞いに病室を訪ね、昏睡状態の先生の手足をさすらせていただきながら、心に誓ったことが蘇ってきました。

「先生の教えをいただいた直弟子の自分は、今度はあとに続く後輩たちにしっかり伝え、導いて参ります」――悔しくて哀しくて、とめどなくこぼれ落ちる涙とともにそう誓ったのでした。

「上神田君、いずれ君が卒業生たちを束ねて、学びのネットワークを創りなさい」と、先生は生前に話してくださっていました。そのネットワーク創りの機会が訪れたのです。

調理師専門学校に入学し、調理師となるための学びを初歩からはじめようとする生徒たちは、言ってみれば〝真っ白なキャンバス〟を持って集まるようなものです。不安な気持ちと、ささやかな意欲がないまぜになった状態です。そこへ、後ろからそっと手を添え、イロハのイの字から教え、導く仕事です。

生徒の姿は、先生の〝写し鏡〟です。したがって、「生徒を見れば教師がわかり、教師を見れば学校がわかる」という責任ある心の構えと覚悟をもって、真正面から真摯に向き合いたいと思いました。

「料理とは何か」「プロの調理師の役目とは何か」という捉え方、基本知識、基礎技能を修得させた上で、飲食サービス業界の現場の厨房へ送り出す。これはいわゆる〝人材〟を養成する仕事ですが、本当の意味での〝人財〟を養成し輩出し続けられるような学校を創ろう。そう誓いました。

この教導育成（教育）の仕事は、とても片手間でやれるような仕事ではありません、そんな腰掛け気分の姿勢で取り組んだら失礼であり、誠に無礼であると感じます。

現場の厨房を去るのは、なかなかに寂しいことでしたが、母校の後輩たちを教え導く仕事をするために、厳しい修業の鍛錬があり、人間修行としての日々の蓄積があったのだと思える自分がありました。

これは天のはかりごと、つべこべ自分の都合を言っていないで、素直に〝ハイ〟と受けて、天のお役目に鋭意取り組もうと心を定めました。すると、目指す学校の姿が、新たな大きな夢となって私の眼の前に広がっていくように感じられました。

調理師養成施設は、全国に二七〇校余りもあると言われています。そんななか、母校の校長を引き受けたからには、先輩や卒業生の方々から見られて恥ずかしくない学校、学ぶ生徒が誇らしく感じて通う学校、飲食サービスの業界から評価され感謝される、そんな学校を創っていこう。そのことが、なによりこれまでいただいたご恩に報いる道と信じ、努力を心に誓い、理想を抱いて就任したのでした。

新人調理師に不可欠の三条件とは

母校の校長に就任し、いざ着任してみると、愕然とするような実態を突きつけられることになったのです。

私は、登校してくる生徒たちを正面玄関で出迎えて「おはよう」と声をかけますが、九割の生徒が返事を返しません。眼も合わさないのです。校内の廊下やエレベーターなどですれ違う生徒たちに「おはよう」と声かけしても眼をそらし、ほとんどの生徒が挨拶できないのです。

「なんじゃこれ。どうしちゃった。いつからこんな学校になり下がった。我が母校よ……」

これはもう、教導育成が使命である〝学校〟の姿ではありません。調理師の養成がどうのこうのというレベルではありません。人としての基本姿勢ができていないのですから。

当初は、学校の一年間の流れをじっくり観察し、気づいた点を徐々に話し合って改善していこうと考えていましたが、それどころではありません。これはいかん。なんとみっともない。恥ずかしい。見てくれはそれなりの樹木の形をしてはいるけれど、幹の中身はスカスカで、既に根腐れしている。そんな危機的状況ではないか——これはもう改善なんて生易しい段階ではない。根本的な改革が必須だと思いました。

専門学校は、スペシャリスト教育の機関であり、調理師専門学校は、飲食サービス業界で活躍していってほしい人財を養成し、輩出するという社会的に重大な任を負っています。決して〝資格ビジネス〟と揶揄されるような恥ずかしいことのないよう、プロフェッショナルの見習いを育成する〝職業訓練学校〟でもあるわけです。

保護者の方々から、お預かりしたお子さんたちであるのに、一年あるいは二年間の間に、業界でやっていけるような心構えの教育が満足にできていない。これでは通用しないと言わざるを得ない。とても覚悟があるとは思えず、残念で悔しい気持ちになりました。

さらに私が驚き、腹立たしい思いになったのは、生徒だけではなく、教職員の職業意識の低さでした。生徒から「おはようございます」と挨拶されても、顎を突き出して「ああ、おはよう」とか「おお、おはよう」とか返すだけです。「お前らは生徒、おれは先生。こっちが偉いんだ」と言わんばかりの態度です。こういう教職員には生徒を導く資格がない——最初から暗澹《あんたん》たる気持ちになってしまいました。

「これではいけない」と、まず教職員の意識改革からはじめなければならないと思いました。

着任して最初の教職員会議の席で言いました。

「みんないつからそんな偉そうな〝先生〟になったの？　学校では一応、先生と呼んでもらってはいるけれども、俺たちの本業は調理師だよ。ここはその調理師を養成する〝職業訓練校〟だよ。勘違いしてないかな？　昔から先生と乞食は三日やったら止められない、と揶揄されてしまうってこと、知っているかなぁ」

本校のような厚生労働大臣認可の調理師専門学校は、卒業すると同時に、機関に申請するだけで国家資格である「調理師免許」の交付を受けることができます。この調理師免許は国家資格の免許ですが、身分を保障する資格ではありません。

調理師免許を持っていなくても、調理・料理作りに普通に従事することができます。企業が望む人財というのは、決して調理師免許を有する人ではなく、衛生的なものの取り扱いができて、美味しい料理が作れ、お客様を喜ばせることができる、いわゆる〝腕の良い有能な人〟なのです。免許を持っているだけでは、現場の厨房では通用しません。

調理師専門学校の我々教師に課せられている使命は、卒業するまでに生徒たちに、調理師という〝職業意識〟をしっかりと持たせ、社会人となる心構えと覚悟を授けることです。

ところが、導き手となるべき教師たちが職業意識に欠けていたのでは話になりません。

学校と称する環境だからこそ「生徒」と呼び、「先生」と呼んでもらえますが、飲食現場のレストランなら、生徒は大切な〝お客様〟です。しかも、年間を通じて予約を入れてくれている、〝超顧客〟のお客様です。保護者様から託され、お預かりした大切なお子様です。

おもてなしの心と感謝の気持ちで、生徒という名の大切なお客様に、私たち学校の教職員の方から先に挨拶するのが道理です。

もちろん、生徒に先生が媚びるというような、低調で下品な対応をしましょうなどという意味ではありません。飲食サービスに携わる職業人（調理師）として、最低限必要な人としてのマナーとモラルをわきまえた社会人であること、その上で調理師として必要な知識と技能を授けるということです。そのためには、教職員がその範を示さなければならないということです。

職員会議で、先生の生徒への向かい方について、次の三点の実践について話しました。
一、常に教職員から生徒に、先手の挨拶をする。しかも、明るく・元気にはっきりと、生徒に会う度に一日に何度でも。
二、生徒を決して呼び捨てにしない。保護者が生徒の後ろに立っていると思って、男子生徒のことは「〇〇君」、女性徒と年上の生徒さんは「〇〇さん」と、敬意を持って呼びなさい。
三、朝は教職員が玄関に立って、生徒たちを笑顔でお迎えしなさい。たとえば、「雨のなか、足元の悪いなか、よく頑張って来てくれて嬉しい。ありがとう」という優しい温かい気持ちでお迎えをする。
教職員の意識改革の手はじめとして、この三つのことを実践するように厳命し、革命ゴングを鳴らしました。

先生が変われば、必ず生徒が変わる。そして学校が変わっていく――これは、調理師という職業を通じて私が実感してきた揺るぎない信念です。

新人（若い衆）に必要な心得は、次の三点です。

一、打てば響く、間髪入れない元気な返事
二、明るい笑顔で、先手の挨拶
三、使う前よりきれいにする、使ったあとのあと片づけ

この三点が実践できたら、どこに行ってもいじめられることはなく、むしろきっと可愛いがってもらえます。これは調理師に限らず、どんな職業でも共通する新人の心得でしょう。

調理師である前に、まず人として育てる。〝良き習慣〟がその人の人格を創るのですから、お預かりした生徒たちに〝良き習慣〟をつけて送り出す。このことは、人生を歩んでいくうえで、貴重な財産となるものです。したがって、倫理と道徳を躾けて社会に巣立っていってほしいと、強く祈り願っています。

〝率先垂範〟の精神で、教師は生徒を見かけたら先手で元気な挨拶の声をかける。教師が先に

「おはよう」と声をかければ、生徒から「おはようございます」と返してくる。呼べば応える〝やまびこ〟のように、挨拶がこだまする学び舎を創る。

「ありがとう」「お疲れさま」「ご苦労さま」などのねぎらいの言葉と、優しさ・思いやりの言葉が響き合う学び舎、朗らかな笑い声、軽やかな話し声、爽やかな笑顔の花が咲いている、そんな素敵な学校を創る――。

「私たちのところの生徒は、不ぞろいですが、皆善行生徒です」

誰かに「あなたのところはどんな学校ですか?」と問われたら、こう答えたあとで、「私たちの学校は人を創る学校ですから」と付け加える。そんなふうに言える学校を創りたいと、強く願っています。

学校の主役は生徒です。深夜のバイトのせいで朝起きがつらくても、お天気が悪かろうと、悲しいことがあったときでさえも、〝生涯の庖友〟となる仲間たちに会って、励まされたい、元気になりたくて、みんなが毎日頑張って休まずに登校したくなる学校創りをしよう。

学則と規約で管理するのではなく、生徒たちが澄んだ瞳で、夢に向かって燃えるような心で学んでいける、マナーとモラルが守られた環境を整えましょう。

生徒たちが嬉々として通う、保護者から感謝される、卒業生たちに見られて恥ずかしくない、社会から支持される、理想とする〝丘の上の学校を創る〟という情熱の松明を高く掲げて、学校運営に取りかかりました。

人間は急激な変化を好まない、とても保守的な生きものです。日常の些細な習慣も、すぐには変えられないものです。長く勤めてきた教職員を中心にした反対勢力の激しい抵抗に遭いました。「校長が来る前のほうが良かった。やりやすかった。楽だった」。こうなると、教職員は「上神田校長になってから、やたら忙しくて仕方ない。以前のように休めないし、早くは帰れない」と、陰で愚痴をこぼしはじめます、以前のほうがやりやすかった、いわゆる保守的な思いが頭をもたげ、改革反対の空気が漂いはじめます。

しかし、改革というやつは、時間をかけずに一気呵成にしなければ決して成功しないという思いがありましたし、改革が一日遅れれば学校の進化が一日遅れるわけですから、「手加減なんかする暇などない」と考えていました。

そんななか、教職員の約半分（十一名）の同意を取りつけ、学園の理事長に団体交渉を試みるという、いうなれば〝校長解任クーデター〟を起こされました。猛烈に腹立たしく怒りが込み上げてきましたが、生徒のため、母校のためと、私憤をのみ込み、大変な堪忍をしました。

半年間ほどの騒動の末に、首謀した二名の古参教員を自主退職させ、同調し行動を共にした教職員には、反省と謝罪の誓約書を提出することを約束させたうえで、継続して勤務してもらっています。

不易流行――創立五十年近い伝統のなか、決して変えてはいけないものと、時代に対応し変えなければならないものを整理・仕分けしたうえで、断固とした不撤退の決意を持って決行してきました。

継続は力なりと言います。一年ほど経つと、生徒の六割が挨拶できるようになりました。二年が経つと、七割ができるようになりましたが、靴の踵をつけて立ち止まり眼を見て礼をする挨拶ができるレベルの生徒は、そのうちの二割弱。それでも、就任時に比べると格段の進歩で、この比率は年を追って高まってきています。

就任七年目を迎えた現在、校内で観察していると、眼を見て挨拶ができる生徒が八割、立ち止まり靴の踵をつけて挨拶できている生徒が三割程度だと判断しています。学校を初めて訪れる外部の方や多くの保護者の方が、一様に、「ここの学校の生徒さんは、実に礼儀正しいですね。校舎に入ったとたんに何か活き活きとした〝活気〟を感じます」と、嬉しいお世辞を言ってくださるようになりました。

しかし、まだまだ改革の道半ばで、恥じ入る思いをするような点がたくさんあります。まさに〝発展途上の学校〟です。

師生同学、教えることは教えられること

前述したように私が校長に着任したのは平成二十三年二月でした。その翌月の十一日、未曾有の大惨事となった、あの東日本大震災が発生しました。ご存じの通り、東北三陸海岸はほぼ全域、所によっては壊滅的な被害を受けました。岩手県三陸海岸出身の私も、呆然とした思いで津波のテレビ映像を見て震えておりました。

あの未曾有の地震と津波による大被害、近隣地域はことごとく死者・行方不明者等の数が留まることなく積算されていきました。そんななかで出身地である普代村は、先達が十五メートルという超高い防潮堤を築いてくれていたお陰で、津波の被害で死者を一人も出さなかった奇跡の村として、後日、全国的に衆目を浴びることになりました。

一方、隣村は大変な大惨事、街の中心部は津波襲来によってほぼ壊滅、多くの死傷者を出しました。その村の村長さんとは、高校の同窓生という間柄です。震災直後から対応に追われ、二十日間も緊急避難所ともなった村役場の二階に泊まり込みで、被害対策の陣頭指揮に当たっていたそうです。

その間の食べるものといえば、差し入れの乾パンや冷たいおにぎりくらいだったそうです。

げっそりと痩せて、身体疲労を心配した部下たちに「村長、どうか一度自宅に戻られてください」と強く勧められ、三週間ぶりに我が家に帰りました。

待ちわびていた奥さんが食卓に並べたのは、食材もなけなしの非常時ですから、ご馳走とはほど遠いものです。炊き立ての温かいごはん、大根・人参・牛蒡など根菜の具がいっぱい入った温かい味噌汁、そして漬物、という一汁一菜の膳だったそうです。それを前にした村長さん、「おーっ、すげえご馳走だなぁ」と思わず声を上げ、食べることのできる幸せに、涙目になりながら味わったそうです。

「先輩、あんなに美味しい食事は、生涯絶対に忘れないですよ……」

彼がしみじみと述懐してくれました。彼のために奥さんの仕立てた料理が、日本型食膳と称される〝一汁一菜〟のお膳です。大地震そして大津波という未曾有の大惨事のなか、奥さんがありあわせの材料を使い、できるかぎりのもてなしの愛情を込めて作ったものだったのです。

これが、人の心まで染み入る「おふくろの味」と称されてきた〝真心の愛情料理〟です。

話を聞いた私の心は、感激と感動で震えました。どんな高級レストランの、どれほど絢爛豪《けんらんごう》華《か》な料理も、この無償の愛情で仕立てられた〝おふくろの味〟には到底及びません。

料理作りの原点は「真心の愛情」であることを、改めて気づかせてもらいました。

被災地から離れた東京で、連日報道される被災地の映像に心を痛めながら、自分に何ができるだろう、何か行動を起こさなければ、と焦る想いでした。私には料理作りしかない、お料理をお届けすることしかできないと思い立ちました。

被災地に出掛けて炊き出しや、お料理お届けなどの実践活動を行った方々から助言をいただいたりして、震災発生から四ヵ月後、学校の教職員に呼びかけ、平成二十三年七月十六日、宮城県気仙沼市の避難所の一つ、気仙沼市立階上中学校の体育館に避難されている方々百八十名の皆様に向けて、「ほっこり料理」と銘打った〝おもてなし料理〟の炊き出しに向かいました。

この階上中学校の卒業式は、被災者の避難所となっている体育館の一部を使って、三月二十二日に、混乱と悲しみと避難の苦しみの中の被災者も見守る中で行われました。生徒会長が答辞で発した健気で力強いメッセージがネット上で話題になり、〝感動の答辞〟として大変な反響を呼んだことを私も報道で知っていましたから、なにかご縁を感じ、感慨深いものがありました。

さて、私たちは避難所となっていた階上中学校に、教職員十七名で料理のお届け訪問をしたわけですが、学校の調理室を借りて炊き出し料理の調理をしました。その調理室は前日まで、災害から三ヵ月間ずっと自衛隊の方々が被災者に向けて炊き出し支援を行ってきた厨房でした。長い避難所暮らしですっかり疲弊し、途方に暮れている皆さんへの炊き出しです。

慰問の真心を込めて作ったお料理を、二百名近い皆さんに召し上がっていただきました。「ありがとう！」と感謝され、「美味しい！」「震災後、初めてお料理を口にできて幸せ」と、ことのほか喜んでいただきました。

熱々の鉄板に一滴の水を垂らす、その程度のほんのささやかな実践ではありましたが、事前の仕込みから前日の徹夜での料理仕立てや、バスで片道十時間以上も要した大変な強行軍のスケジュールだったために、心身ともに大変疲労しました。ところが後日、そんな疲れが吹き飛ぶような、大きな感激と感動を味わうことになりました。

帰ってから、新宿の学校で生徒たちに、料理人ならではのおもてなし料理、「ほっこりご膳」の炊き出しの様子を写真で見せながら、活動の内容を話して聞かせました。

すると、「校長先生、俺たちも一緒に行きたかった。どうして教えてくれなかったのか」と、複数の生徒たちから〝抗議〟の熱い声が私に届けられました。驚きました。この想定外だった抗議事件に、私はとても感激し、生徒たちからとても嬉しい感動をもらい、そして教わることがありました。

普段はろくに返事も、挨拶もできず、「しょうがないなぁ」と嘆かわしく感じていましたから、徹夜での料理仕立て、十時間以上にも及ぶバス移動などの強行日程での炊き出し訪問活動など、「どうせ声がけするだけ無駄だろう。こっちがガッカリするだけだ」と勝手に決めつけていたのでした。

生徒たちの心のなかには〝休みタイ、さぼりタイ、遊びタイ、眠りタイ〟のタイ（鯛）しか泳いでいないのだろうと思っていましたが、生徒たちの心の海には、〝人のお役に立ちタイ（鯛）〟という、優しい思いやりの心もちゃんと宿っていたことを思い知らされたのです。まことに恥ずかしくもあり、反省させられました。

「みんな、嬉しい申し出、ありがとう。よし、来年の被災地訪問は、必ず君たちと共に行こう」

料理作りを通じて人の役に立ちたいという思いを抱いている、とても可愛い生徒たちに約束しました。この生徒たちとだったら、一緒に汗がかける。一緒に汗をかきたい——そう思わせてくれました。

このことが発端となり、その後毎年継続して、生徒たちと一緒に行う「被災地訪問活動」は、本校の校外活動のなかでもとりわけ大切な活動に育っていくことになりました。

困っている人たちに何か、お役に立ちたい。調理師専門学校に入学したばかりで、まだ満足に料理を作れなくても、先生や先輩の手伝いをしたい。せめて食事会場の掃除や片づけだけでもしたい。

そういう優しさと思いやりが料理作りの原点だということを、活動する生徒たちの姿勢からあらためて、共に学ぶという感覚になっていきました。

天地の恵みを実感するための農体験授業

校長に就任してから、私は次々に意欲的に運営改革の手を打ちました。生徒たちの学びの環境作りに着手し、料理デモンストレーションルームのリニューアルを先駆けに、図書室も廊下からでも硝子越しに透けてのぞけるようにして、とても明るい空間にモデルチェンジを図りました。料理・食品・衛生などに関連する本をはじめ、三千冊以上の書籍、さらには料理関連以外にも、私自身が読み感銘を受けた書籍も校長文庫として三百冊以上を収蔵しました。

女子用トイレも一部ですが、洗面・化粧台をとても素敵な内装に改造しました。学校見学で訪れる保護者の方、とくにお母さん方の心情を考えてのことです。子供を預けるかどうか迷っているお母さんがトイレに入ったとき、そこが薄暗く汚れていたらどうでしょうか。そんな学校に、ご自分の大切な子供を託したいと思うでしょうか。また、学校で働く女性の教職員のモチベーションアップにも貢献しているものと考えています。

これらのハード面の改善には、それなりの資金がかかりますので、学園の関川理事長先生の理解と信頼と支援がなければ、当然叶わないことです。

授業内容や学校行事への取り組みや進め方についても、私なりの改革案をどんどん入れていきました。新たな講義やセミナーなどのイベントもはじめましたし、校外へ出掛けての特別授業も積極的にスタートさせました。

そんななかで、特筆したいのが農体験授業です。

「食材は天地の恵み」と言葉だけで教えても、都会育ちの若い生徒たちには実感できません。そこで実際に、年間を通じて農作業を体験し、自分の体で学んでもらうためにはじめた〝心を育む授業〟です。さいたま市のある農家に協力と指導をいただいて、生徒たちに農業体験授業、とりわけ稲作を柱に実施にこぎ着け、五年間が経過します。

早春の田からはじめ、苗代・田植え・草取り・稲刈り・乾燥・脱穀と、お米の収穫までの一連の作業を実体験学習させています。こうして収穫した米は精米してもらって、生徒たちの調理実習授業に使い、そして食べることになります。

この授業を通して常に、生徒たちに次のことを言っています。

「このお米を作ったのは決して君たちじゃない。さらに言えば農家の人が作ったわけでもない。太陽、水、空気などの天地自然が作ってくれたもの、天地自然は神様と言い換えてもいい。命の源となる食材は神様が創ったもの、君たちは肥料をまいたり、草を取ったりして、作物が育つためのお世話をさせていただいただけ。天与の恵みには神様が宿っていらっしゃるということを想い描ける、そんな優しい人じゃないと、人の心に届くような、心の胃袋を満たすような、温かい料理は編み出せないし、決して創れない」

田植えの頃にはまだ、半信半疑の表情で聞いていた生徒ですが、初秋の頃、自分たちで収穫した米を手にすると、私の話す言葉の意味合いが少しは実感を伴って感じられるようです。調理実習で米を炊いて食べる段階では、食膳で「いただきます」と唱える感謝の挨拶にも、魂が宿ってくるのではないかと期待しています。

この農体験授業の柱は米だけではなく、自家製味噌のための大豆栽培も大きな柱です。種から植えた大豆を、鳥にとられないよう世話して、秋に収穫し、調理実習授業のなかで味噌を造ります。十一月に収穫した大豆を煮て、自家製味噌を仕込み、四月から調理実習授業のなかで使っていきます。つまり、自分たちが使い、食べてきた味噌は卒業していった先輩たちが仕込んでくれた味噌だったのです。ということは、自分たちが仕込む味噌は後輩にあたる生徒たちが調理実習に使うことになります。

まさに、スクールスローガン（校風）に掲げる〝手から手へ〟の精神です。

そのほかにも、畑では大根、白菜、里芋、人参、長葱、などの野菜作りも体験します。ここで収穫した野菜を集団調理実習に使い、料理セミナーなどでも調理して食べることになります。

「これらは、君たちがお世話してくれたお陰で採れた野菜だ、天地自然の恵み、神様が宿っているのだから、米粒一つも大豆一粒も決して無駄にしてはいけない。大根一本にしても、葉っぱから根っこまで、付いている土泥以外は全部料理に使える。どう使いどんな調理をし、どんな料理に仕立て伝えてきたか、我々の先祖・先達の方々がいろいろな創意工夫をし、和食の伝統として伝えてきてくれた日本料理であり、民族の宝もの、伝え残すべき大切な智慧、正しく学んで、正しく伝える責任もある」

私の思いと言葉がそのまま届いているかどうかはわかりませんが、頭の隅に、心のどこか片隅に、かすかにでも残ってくれればと願っています。

厨房の現場に入ると、納入業者さんが米や野菜や魚介・肉を運んできてくれます。それらすべての調理材料は、天地自然から与えられたものであるとも言えますが、農家の人たちの丹精を込めたお世話が加わっています、海の漁師さんらの命がけの働きがあって初めて、我々の食卓に届けられます。

農体験授業を通して食材の生い立ちに立ち会う体験によって、食材をむやみやたらに無駄にすることはもちろん、粗末に扱うこともしないはずです。

結婚して、将来お母さんになる女子もいます。毎日の料理作りのため、スーパーなどで食材を買うときだって思い出してほしいものです。農体験を思い出せば、簡単に捨てることなどできないはずです。

そのお母さんを子供が見ています。その子供が育ち、お母さんになったときには、食材を無駄にしないという大切な習慣を自ずと身につけていることでしょう。これが私たちの民族の食への向かい方、食文化の伝統というものだと、私は考えています。

神様がおつくりになったすべての食材は、我々チンピラな人間ごときが、なんやかやとイチャモンをつけるようなものではなく、命の素なのですから、もう完璧な完成品です。ただただ心から感謝して、ありがたく慎んでいただくのが、人類共通のマナーだと思います。

その天与の恵みを押しいただく我々調理人は、神様の近くで仕え働くことが叶う、素敵な仕事であり、誇りや責任感なしで携わってはいけない仕事だと思っています。

食は命であり「知育・体育・徳育」を包括するもの

「食」という言葉を分解すると、「人」と「良」となります。〝人に良い〟とも言えますし〝良い人になるため〟とも言えます。食は人間が生きていくためになくてはならないもの、決して当たり前ではないのです。

現代の日本に暮らす我々は、「食」の本来の意味を忘れています。その結果、食材を無駄にする、粗末にする、食べたいものだけを食べる、食い散らかすなどを、平気でしてしまうのです。何と罰当たりなことをし続けていることでしょうか。現代人の食への向かい方が、いまの日本民族の品性をかなり下品なものにしていると感じます。

わが国は、教育の三本柱として「知育・体育・徳育」を掲げています。わかりやすくいえば、知識教育であり、体育運動による健康増進であり、社会規範の倫理と道徳の躾です。

現在の学校教育は、これら三本柱に「食育」を加えた四本柱でというような論調の記事を見たりします。「食」の大切さの啓蒙はいいのですが、そもそも食育は、知育・体育・徳育の三本柱と、並べて語るようなものではないというふうに、私は思います。

「命＝食」です。「食べていけることが前提の話ですよ、知育・体育・徳育の教育論とは」と言いたくなります。命の素の食材への畏敬、食事への感謝を忘れ、躾けるべき親がすでに〝おふくろの味〟という愛情料理を食べさせてもらった記憶を持っていない世代です。

幼い子供の時分から、平気で好き嫌いをさせ、食べ物を粗末に扱うという、倫理感・道徳心のない子供に育て、まるでペットを扱うごとくに育て、なんでも与えて可愛がるだけの無責任な養育になってはいないでしょうか。

和食文化の良き伝統とは何でしょうか。それは現在の日本ではすでになくなっていると言っていい、愛情の家庭料理、「おふくろの味」にほかなりません。

かつての日本の家庭では祖母から母親、そして娘へと連綿として引き継がれてきたおふくろの味、そのなかにはもっとも大切な〝食を通じた教育〟の要素がすべて含まれていました。

家族の食卓は、食の智慧や知識を伝承するだけではなく、また家族の健康を担うだけに留まらず、人としてのあり方、人間学を学び伝える大切な場と時だったのです。

大自然が恵んでくれる、四季それぞれの季節の海幸・山幸、自然崇拝の天地への感謝、地域の祭り、歳時記、伝統の行事、すべての場面に食と酒が欠かせません。

そして日本には、素晴らしい「食礼」があります。食べる前に手を合わせ「いただきます」と唱えてから食します。食べ終えたときに「ごちそうさまでした」と手を合わせて感謝の詞を唱えます。

心身の健康というように、「心にも身体にも、良いごはんを食べる」ことをしないと、情緒豊かな人間には育ちません。

前にも述べましたが、動物は餌だけで生きていけると思います。しかし、人間は心があるために「心の胃袋」にも〝良いごはん〟を食べさせることが必要です。心に〝思いやりと優しさ〟というごはんを食べさせることによって、他人に喜ばれる良いことをし、感謝されると心はすくすくと真っすぐに大きく育っていくのだと思います。

そのほかに、心の栄養として考えられるのは、美しい大自然の山・川・海の風景、草花や樹木、そして生きものです。また、音楽や絵や詩などのような文化・芸術も、間違いなくとても重要なアイテムですが、文化・芸術は人にとって、あったほうが情緒豊かな人間らしい暮らしのデザインとなりますが、究極的な言い方をするなら、文化・芸術に接する機会がないからといって、決して死ぬわけではありません。腹は待ったなしに減りますし、食べなければ生きていけませんから、食べ物は欠くことができません。

スーパーやコンビニの棚に並ぶ食品は、手軽で便利ではあっても、決して料理とは呼ばないと思います。

料理の仕立てに向かう者の心の構えは、〝身土不二〟の精神であり、そして〝土産土法〟といって、その土地の産物をその土地に伝わる作り方、その土地に伝わる調味料で仕立てるのが理に適っているということです。このことは、心の奥に据えておかなければなりません。

和食が二〇一三年、ユネスコの世界無形文化遺産に登録されたこともあり、世界で和食ブームが起きていますが、うわべだけで捉えられているようにも思います。

「おふくろの味」が教えるものは

朝、寝床をなかなか離れることができずにグズグズしていると、台所からトントントンと、野菜を刻む庖丁が心地よい鼓の音となって聴こえてきます。やがて煮物の醤油の香りがしてきて、ごはんの炊きあがる匂いが重なり、仕上げに自家製の味噌で作った熱々の味噌汁のいい香りが漂ってきたと同時に、台所から「みんな、ごはんだよ。さぁ、起きてきなさい」とお母さんの声が家中に響きます。

子供たちは布団を蹴り上げて飛び起き、洗面台を取り合って洗顔し、競って着替え、先に卓袱台に陣取っている父の隣に順次席を取り、おふくろの味をごちそうになります。一日の活力源となる美味しい朝食を食べて、元気になったお父さんは仕事へ、子供たちは学校へとそれぞれに出かけていきます。

お昼用のお弁当を持たせてくれる場合だってあります。

学校から帰ってきて、エプロン（割烹着）姿のお母さんが台所に立っていることを確認できたら、もう安心して友達との遊びに飛び出していけます。暗くなるまでたっぷり遊んで、お腹ペコペコで帰宅し、お母さんの無償の愛情によって仕立てられた手作り料理に舌鼓を打ち、お腹も心も満タンの幸福感を味わい、安心して寝床に入って熟睡します。だからこそわが民族の優しい思いやりの、美しい心根が養われていったのです。

かつては日本全国に、ごく当たり前にあった「おふくろの味」は今や失われようとしています。さほどでもないお父さんの稼ぎの中から、愛する家族の身体の健康と心の幸せのために、もったいない精神の工夫をし、食卓に笑顔の花を咲かせ続けてきてくれた〝おふくろの味〟は、それぞれに懐かしい記憶と、温かい心の宝ものとなって、遠く故郷を離れて都会に出ても、辛くても、苦しくても、挫けずに頑張って生きてゆくエネルギーの源になったものです。

この本を読んでいるあなたが、小さなお子さんのいるお母さんなら、まず楽しい気持ちで台所に立つことからはじめてみてください。お母さんが台所で浮き浮きと楽しそうにしていると、子供は必ず興味を持って近寄ってきて、「ねえ、何を作っているの？」と聞きます。

反対に、スーパーで買ってきた惣菜を並べ、「ごはんよ」と呼んでも、子供はテレビやゲーム機の前からなかなか離れません。「早く食べなさい！」と叱りつけると、渋々食卓につき、与えられた〝餌〟でも食べるように口に放り込みます。それは、とても食事とは呼べないありようです。

天職となった和食料理人として、伝承する使命あり

平成二十六年四月、新宿調理師専門学校内で「日本食文化伝承講座・割烹料理セミナー」を主宰しスタートさせました。いまでは死語のような存在になった〝割烹〟という呼び方ですが、〝割主烹従《かっしゅほうじゅう》〟という四字熟語を略した言い方です。端的に訳すと〝庖丁が主で、煮焚きは従〟という考え方です。

この日本民族独自の捉え方が〝和食文化〟であり、日本料理の庖丁規範となって伝承されて

きました。

サブタイトルに「四季を追いかけた〝おふくろの味〟」と謳っているように、絶滅の危機に瀕している「おふくろの味」、家庭料理を復活させたいという願いのもとに立ち上げた料理セミナーです。

台所から割烹着姿のお母さんの手で編み出されてきた〝おふくろの味〟が、今ではコンビニの〝袋の味〟に席巻されている食卓です、失われた〝お〟を復活させたいという、〝ハチドリのひとしずく〟のような切なる祈りと、念ずる思いではじめました。

月一回の開催で、既に二十回を超えています。当初は三十名程度の参加者でのスタートでしたが、回を重ねていくうちに、毎回満席（約八十席）となる盛況振りとなって、すでに参加者の累計は千五百名を有に超えています。

和食の料理仕立ては、先に触れた「土産土法」の理に沿っています。近年では〝地産地消〟という経済を意識した新しい四字熟語のほうが流行ってはいますが、少なくとも医食同源、食べて健康、身体に優しい料理創りを目指す方なら世界共通の「土産土法」という世界共通の料理仕立ての原則は、胸の奥に留めおき、さらに「陰陽、五行説＝五味・五法・五色」の規範に沿った料理仕立てを学んで、そして教え伝えていってほしいと切望します。

紙数の都合でここでは詳しくは述べられませんが、要はバランス・調和を重んじるという考

「おふくろの味」を伝えるセミナーはいつも好評を博している

え方です。

　また、使う和庖丁にも陰と陽があり、料理仕立てによってこれらを使い分けます。たとえば、一本の大根でも、陰（輪切り）の切り方・陽（色紙切り）の切り方など、庖丁を一刀入れるごとに形や名称が変わり、調理の用途も変わってきます。

　これは世界の料理のなかでも日本料理だけの独自の考え方であり、自然界の成り立ちの捉え方です。先人たちが培い、伝統として長く伝えられてきた規範、それは、日本人の豊かな感性や繊細な情緒性、民族性を象徴していると思うのです。

あとがき

本校では春の卒業式を、「立志式」と銘打って催しています。クラスの代表たちによる〝立志の弁論大会〟が式典のメインです。学校を卒業して調理師免許資格を取得しただけで、調理師としての学びを卒業できたわけではないからです。これからが本当の実践の学びに入るという区切りの時でしかないからです。それぞれが自分の志を立て、その自分との約束を果たす人生を歩んでいってほしいと切望しているからです。

平成二十八年の立志式のことでした。卒業生代表生徒が〝答辞〟を読み上げ終えると、壇上から卒業生たちに向かって、なにやら合図をしたかと思うと再び私の方に向き直って、「先生、ありがとうございました！」と声を張り上げたのを合図に、二百名以上の卒業生全員が一斉に「ありがとうございました！」と声を張り上げ、同時に深々と頭を下げてくれたのでした。

まったくの想定外のサプライズに、壇上の私はびっくりさせられ、瞬時に胸が熱くなってきました。感極まって眼には涙が満ち溢れてきて、堪えようとは思いましたが、ついに堪えきれずに零れて落ちて、いく筋も頬をつたって流れてしまい、生徒たちの顔も姿もみるみるぼやけて見えなくなってしまいました。

構えがなかったものですから、うかつにも完全にしてやられてしまいました。着任した当初、まともに挨拶もできない生徒たちを前に、暗澹たる気持ちになった思いが蘇りました。「調理師である前に、まずは人であれ」と繰り返し、繰り返し〝小言〟を言い続けてきたなかで大きな感激と感動を覚えた出来事でした。

永く現場の料理人として会席料理仕立ての仕事から、母校の調理師専門学校の校長に転身し、燃えるような真摯な報いの心で取り組みはじめながらも、不徳の致すところで誤解をまねき、紆余曲折も経験しました。母校と後輩にあたる生徒たちの将来のことを一途に考える〝クソ真面目〟な改革への、ねぎらいと激励のエールをいただいたように思い、心からの感謝を覚え、この卒業同窓生たちに見られて恥ずかしくない学校創りを改めて誓いました。

〝教えることは　教えられること〟という教えの通りだと実感しています。

この本は、調理師を目指そうとしている人、調理師専門学校に通って学んでいる人、学校を卒業したあとにどこかの厨房に入って働いている人、さらには壁にぶつかり、悩んでいる人など、私にとっては〝庖友〟である同業の方々に向き合う気持ちで〝人生で大切なことはすべて厨房で学んだ〟という思いに沿って書き進めて参りましたが、基本的な考えはどの職業にも当てはまるのではないかとも感じています。

たかが板前の回顧録、浅学の拙い文章の中から、若い人たちが何かを汲み取り、ご自身の仕事や生き方に活かしていただければ、こんな喜びはありません。


最後に、学校法人新宿学園・関川惠一理事長のご理解とご支援のお陰様で刊行に漕ぎ着けることが叶いました。

「若い人たちの頑張りを応援しましょう。未来に向かって歩む若い人たちに、激励のエールを送りましょう」

そんな理事長先生の熱いことばに、怖じける背中を押されて執筆を進めました。紙面上ながら、深甚なる感謝を申し上げたいと思います。誠にありがとうございました。

著者

人生《じんせい》で大切《たいせつ》なことは、すべて厨房《ちゅうぼう》で学《まな》んだ

2018年 7月16日 初版第1刷

著　者 ―――――― 上神田梅雄《かみかんだうめお》
発行者 ―――――― 坂本桂一
発行所 ―――――― 現代書林
〒162-0053　東京都新宿区原町3-61　桂ビル
TEL／代表　03(3205)8384
振替00140-7-42905
http://www.gendaishorin.co.jp/

ブックデザイン＋DTP ―――― 吉崎広明（ベルソグラフィック）

印刷・製本　広研印刷㈱
乱丁・落丁本はお取り替えいたします。

定価はカバーに
表示してあります。

ISBN978-4-7745-1692-9 C0034